# 統治と自治の政治経済学

Political Economy of Autonomy and Governance

Sachio Konishi
小西砂千夫

関西学院大学出版会

目次 ❖ 統治と自治の政治経済学

## 第2章　地方交付税　その成り立ちと機能

## 第3章　国と地方の事務配分の態様と財政調整制度　93



## 第4章　開発財政と起債制限・健全化の枠組み　127

# 第2部　平成以来、改革の四半世紀を越えて

## 第6章　「平成の合併」と行政体制整備

# 序章　「国と地方」におけるパワーバランス

## 1　パワーバランスで考える必要性

外交問題を考える際に、国と国の間の軍事力、政治力、経済力などのパワーバランスによって、その問題にある構造を読み解くのは当たり前のことである。国と国の関係を改善する方策を考えるには、文化の違いによる対立、民族の誇りにかかるぬぐいがたい記憶、宗教的対立を原因とする殺戮の歴史など、それまで繰り広げられてきた凄惨な歴史の糸を丁寧に解きほぐしていくことは当然のことである。政治を考えるときには当たり前のことを、国と地方の財政問題を中心に展開しようとしたのが本書である。

財政学研究は官房学を起源とする伝統的な財政学に、近代経済学の目覚ましい発展の要素を取り入れることによって、学問的なコンテンツを充実させてきた。それ自体は、けっして悪いことではない。しかし、財政学が対象とする政策課題がそれですべて解けるわけではない。ましてや、財政学は応用経済学の一分野などではない。公共経済学の発展は喜ぶべきことだが、それが財政学に代わって、財政問題をアプローチする学問となることはできない。もしもそのような錯覚があるとすれば、それは近代経済学がもっている覇権主義的思考法が、思想なき思想として研究者に浸透しているからである。

国と地方を考える場合に、支配・被支配の構造でみることも可能である。国家官僚と国民の関係も同じ構図でみることができる。間違いであるわけではないが、それがすべてではない。その見方も定型化されると1つの思想となる。

筆者はこれまで、地方財政や地方自治の研究を行うなかで、制度を設計し、運営する側の立場にたって目の前の事実を捕捉しようと心掛けてきた。毎年度、地方財政に関する予算折衝が、旧自治省と旧大蔵省の間で展開されるが、それは戦争にも例えることができる。そこには毎年、何らかのドラマが生じる。それぞれの年のドラマは、それまでの地方財政の予算折衝の歴史のなかで連続性をもって展開される。その文脈がみえる者にしか、何が生じているかがみえない世界である。筆者は、それを従軍記者のように、銃をもって向き合う兵士の後方から、兵士と目線を合わせて何がみえるのかを記録しようとしてきた。そして、この戦争の大義はどこにあるのかを考えようとしてきた。その結果としてえられた結論は、地方財政制度運営の研究は、この手法による成果を欠かすことはできないというものである。

そこにみえてくるのは、予算折衝におけるパワーバランスである。旧大蔵省と旧自治省だけがプレーヤーではない。官邸、閣僚、与党、野党、地方6団体など様々なプレーヤーが登場する。そのなかで、パワーバランスは常に動いている。「やられたら倍返し」の感覚もときに働く。

本書は、戦後改革以来の70年間の制度運営の長期的な文脈を第1部とし、平成以来の制度が揺れ動く改革の四半世紀を第2部としている。制度は連続性のなかにある。歴史的経緯を無視して、制度のあり方を議論しても、現実的な政策提言にはつながらない。第1部では、内務省解体とその後のシャウプ勧告の衝撃を、その後の時代のなかでどのように消化していったかを中心に検討している。占領統治が終了する昭和27年ごろから、いわゆる逆コースと呼ばれるように、シャウプ勧告の理念を捨て去ったことが、わが国の地方自治・地方財政制度を堕落させたという見方がある。本書はそれには与しない。シャウプ勧告を換骨奪胎した消極的な部分はないとはいえないが、それだけでなく、むしろそうしなければ、持続可能な仕組みにはできなかったという積極的な見方である。敗戦国日本において、屈辱に耐え忍びながら戦後の地方自治・地方財政制度の礎を築いた人たちの志に敬意を表し、そこで何をめざそうとしたかを大切に掘りおこすべきだと考えている。

第2部では、昭和から平成に変わるころの地方分権改革・構造改革の「改革の四半世紀」を取り上げている。本書の執筆時点で、長く続いた構造改革の時代は終わったと実感している。それは市場主義改革であり、歴史的文脈を断ち切る改革である。そこでいわれた「聖域なき構造改革」とは、当たるを幸いに何でもなで斬りに切り捨てるという、いささか暴力的な意味である。それが喝采を浴びた背景には、日本の経済社会が沈滞するなかで、既得権益の壁に阻まれて変えられない政府の無策にいらだつ国民の鬱積がある。その際のスケープゴートは国家官僚であった。振り返ってみて、先に進むためには、それも必要といわざるをえない。エネルギーを出し切らなければ、次の展開ができないということは確かにある。

しかし、官僚批判を背景に統治の知恵をないがしろにする改革が、必要以上に支持され、行き過ぎた改革が進むことは危険である。改革の時代が終わったいま、何が変えてはいけない構造なのかについて考察を深めるべきである。

地方自治・地方財政制度の構造を考えるためには、シャウプ勧告を中心に第2次大戦後の地方行財政に関する歴史的文脈を追いかけなければならない。近年の改革の時代を読み解くには、地方分権改革や構造改革の文脈はどこにあるかを解明しなければならない。それは歴史の流れを読み解く行為である。どのようなパワーバランスが働いているかが、重要なポイントである。そしてあるべき姿に思いをおこすと、統治と自治のバランスというキーワードにぶつかる。地方分権だけが唯一の価値尺度ではない。現代日本には、中央集権主義者はほぼ不在なので、もっとも警戒すべきは分権原理主義者ということになる。自治は統治とのバランスがなければ正当性はない。

## 2　前史としての占領統治

橋本勇『地方自治のあゆみ――分権の時代にむけて』（良書普及会、1995年）は、戦前・戦中・戦後の地方自治制度の流れを俯瞰するうえで大変参考になる。その記述内容に、筆者自身の思い入れを乗せて第2次大戦後の占領統治の時代を読み解くとすれば、次のようになる。

連合国軍総司令部は、日本の民主化のためにわが国の内政における統治機構を根本から改めようとした。日本国憲法と地方自治法は同時に施行されるが、それは地方自治法が、日本国憲法の理念を実現する根幹的な法律であることを意味する。総司令部の内務省に対する憎悪はすさまじく、まさに戦争を引きおこした元凶と見立てられている。それは現代における官僚亡国論の引き写しのように感じられる。総司令部には日本の経済社会の実態がみえなかったことは仕方がない。敗戦国が受けた屈辱を感じるのみである。しかしながら、その際の戦後史観が、「おり」のように、その後の地方自治制度の展開においても張り付いていることには注意が必要である。国家に対して必要以上に距離を置き、予断をもって人民の敵とみなすのは生産的ではない。

占領統治の直後に、総司令部の指示によるのではなく、自主的に地方自治制度の改正が内務省によって行われた。その後、日本国憲法の制定と並行して地方自治法が起草された。地方自治法施行令の施行は日本国憲法と同時の昭和22年5月3日であって、憲法が掲げる戦後社会の骨格となる法律の1つが地方自治法であった。しかし、その法制化には時間的に相当無理をしたと思われ、地方自治法が成立後にも、総司令部は修正命令を下している。そうした作業が一段落した昭和22年末、満を持したように、内務省は解体されるという憂き目をみる。

わが国の地方自治制度は、プロイセンから輸入した大陸式の制度であって、そこでは国と地方が一体的なものと考えられている。しかし、総司令部は基本的にアメリカ人によって構成されており、アメリカは連邦制であるだけでなく、現在でも中央政府と地方政府が独立した存在であるという意味で、地方自治では特異な国である。総司令部はその矛盾を押し通したところがある。

国と地方が一体的であることを前提にすると、地方自治を所管する中央省庁である内務省が必要である。その点を無視して、国民を統制し、民主主義という意味での後進国が、アメリカという理念的に優れた国と闘うという悪しき戦争に人民を駆り立てた戦犯こそが内務省であると見立てれば、それは解体されても仕方がない。改革の四半世紀における官僚批判も、どこか同じ論理を彷彿させるとすれば、それこそが戦後史観である。

内務省の解体は、戦前の大蔵省との二大官庁のパワーバランスが崩れたことを意味する。大蔵省の組織改編も総司令部はもくろんでいたが、内務省解体で、そうした改革のエネルギーが尽きたように見送られた。内務省亡き後、地方財政は大蔵省の所管になりかけたこともあった。

内務省解体の直後の昭和23年、一時的な組織とされていた地方財政委員会で、地方財政法が起草され、その内容は各省への縛りを意味する部分があるにもかかわらず、各省の強い抵抗にあうこともなく成立している。せめて法律というかたちで、国が地方自治体を財政面で圧迫することを避けるために、国と地方の負担区分の原則を設けたのである。

しかしながら、そうした苦心は、大蔵省の招きで来日したドッジ公使による昭和24年度予算における超均衡予算であるドッジ・ラインによって、地方財源は大きな打撃を受ける。戦後のインフレ経済への思い切った対策が不可欠であったとしても、地方財政が受けた傷はその後、昭和20年代を通じて癒えることはなかった。ついで、昭和24年にマッカーサーの招へいでシャウプ使節団が来日した。そこでもいち早く連絡を密にした大蔵省と対照的に、旧内務省はシャウプ使節団に日本の地方財政の実情をうまく伝えることができなかった。

シャウプ勧告による税制改革案は、つぎはぎの地方税制を立て直すという意味で強力なものであった。そこでは、シャウプ使節団は、日本の経済社会の実態に深い関心を示し視察等を繰り返しながらも、日本側との過度の接触を避けることでパワーバランスに与することなく、極力、中立的な立場で勧告を行った。それに対して、当時の旧内務省関係者は、単なる技術論ではなく、地方自治に根差した税財政のあり方が想起されていたとして深い感銘を覚えたという述懐を残している。そのなかでも、地方税中心主義や一般交付金による財政調整制度は衝撃的なものであった。

その反面で、理念型であるがゆえに機能しない部分もあった。シャウプ税制の地方税の根幹である附加価値税は実施されなかった。当時の状況のなかで、もしもそのような大型税制を導入するならば、地方税ではなく国税でという財務当局の思いもあったかもしれない。そうしたパワーバランスの問題を離れても、附加価値税は課税技術としても、相当難しいという問題はあった。

それと同時に、シャウプ使節団が考えた国と地方の事務配分を分離型にするという考え方は、歴史的な連続性のなかでは現実的ではなかった。地方財政平衡交付金制度も、現実の予算編成過程のなかで必要な財源を確保するという点では無理があった。地方債については建設公債主義という大陸系の考え方が理解されなかった。シャウプ勧告を評価し、シャウプ使節団の働きに対する敬意の念を隠さないなかでも、旧内務省関係者の事務配分のあり方や国庫負担金制度への考え方、地方財政平衡交付金制度に対する評価は、研究者の評価の高さとは裏腹に芳しいものではなかった。

昭和26年にはトルーマン大統領との対立の結果、総司令部のマッカーサーが更迭され、それまで進められてきた占領政策の緩和の方針が進められるなかで、シャウプ勧告を受けて国と地方の事務配分を分離型にする構想を具体化するための神戸勧告は空を切った。そのことに対して、神戸勧告は本来、実現すべきであったと考えるか、それは現実的な方向ではなく葬るべきものであったと考えるかが、歴史評価の大きな分岐点である。

昭和27年には地方財政法を改正して、分離型ではなく融合型にすることで、国と地方の事務配分論に決着をつけている。昭和29年には、地方財政平衡交付金法を地方交付税法に改組している。そして、昭和30年度の地方交付税をめぐるドラマは、それまで押さえつけられてきた旧内務官僚の雄たけびのごとくである。旧内務省と旧大蔵省は、戦後10年を経て、ようやく新しいパワーバランスに到達する。そこから、現在までは、敗戦のような大きな歴史の断絶を経験することなく、その経緯をたどることができる。

## 3　本書の構成

第1章から第4章は第1部として、戦後改革から現在までの通史的視点で考察している。まず、第1章「財源確保――国の財政規律の投影」では、パワーバランスの最たる部分としての地方交付税をはじめとする地方財源の確保について、その沿革を点描したものである。パワーバランスをめぐる闘いに関してある種の安定性があることが、地方交付税が政治経済学的な意味で持続可能性があることを示している。

ついで第2章「地方交付税――その成り立ちと機能」は、地方財政平衡交付金法から地方交付税に切り替える際に、何が問題となり、どのような経緯を経たのかをたどっている。そこでは、国の財政当局との間で地方交付税に改組することで同意しながらも、運営のあり方についてはあえて互いに違う解釈をするという同床異夢の構図があり、それが第1章で述べた国の財政当局とのその後の激しい闘争のベースになっていることを示している。また、地方交付税の条文から受ける印象と実際の運営が一致しない構造や、そのようになった経緯を明らかにしている。

第3章「国と地方の事務配分の態様と財政調整制度」は、国と地方の事務配分において、シャウプ勧告や神戸勧告が示した分離型を取らなかったことが、その後の地方交付税の運用に、どのような影響をもったかについて取り上げている。本書の基本的な立場は、シャウプ勧告や神戸勧告に従っていれば、確かに地方税中心の分権的な地方税財政制度は構築できたであろうが、それは日本の経済社会の発展に対してけっしてプラスではなく、今後も分離型にすることは現実的ではないというものである。統治と自治のバランスという観点から、事務配分の分離につながる道州制のような行き過ぎた地方分権に警戒感を示している。

昭和23年の地方財政法は、国と地方の負担区分と起債制限の2つが柱であるが、前者については前の3章で検討し、後者については、第4章「開発財政と起債制限・健全化の枠組み」で受けている。そこでは、起債制限とその裏腹である投資的経費のあり方、開発財政のあり方、および財政健全化を担保する制度のあり方について検討している。そこでいう統治と自治のバランスは、国と地方自治体との間についてである。

第2部は、平成に入ってからの改革の四半世紀の動きを追ったものである。まず、第5章「地方分権改革の来し方行く末」は、これまでの地方分権改革における文脈を明らかにしようとしている。地方分権改革は、現実には錯綜している。筋のよいものと悪いものが混在している。そのなかで、意外なことに筋のよいものについては時間こそ要するものの前進し、悪いものは手戻りを繰り返している。

第6章「平成の合併」と行政体制整備」は、第5章のいわば続編として、平成の合併に関する経緯を明らかにしたものである。近年の構造改革のなかで、さまざまな改革が試みられてきた。平成の合併もその1つであるが、そこでも本来のねらいは驚くほど一般的には浸透していないことがわかる。

改革の四半世紀においてポイントとなることは政権交代である。政権交代で大きな手戻りが進む反面で、それまでできなかった改革が前に進むこともある。第7章「構造改革と政権交代」は、国会の分権決議に至った政治的なパワーバランス、改革の時代にアジェンダとなった事柄、それへのアプローチをあげながら、全体として構造改革という名の下で行われる制度の見直しを批判的に論評している。

最後に、第8章「社会保障・税一体改革」は、先進国でも最悪の財政状況のなかでようやく実現した本格増税について、その背景と社会保障改革が進められた経緯などを明らかにしている。そこでもさまざまなプレーヤーとの間でのパワーバランスによって、大きな制度改革が前に進んでいることが浮き彫りになっている。

本書は、シャウプ勧告の当時に、国と地方の事務配分や地方財政平衡交付金にかかる財源確保の点について、当時の旧内務官僚が批判的であったという視点を踏襲している。また内務省解体を行った判断を戦後史観として批判している。戦後史観は、地方自治・地方財政制度の評価に、今日でも大きな影響力をもっている。そこからの脱却は容易ではなく、絶望的ですらあるが、その必要性を訴えるうえで、地方自治・地方財政制度の運営において何が起きてきたかを考える視点を、本書を通じて提供したい。

なお、本書の各章の初出は次のとおりである。ただし、既発表の論文については、重複を避けるなどの理由で、一部加筆修正、省略などを行っている。

第1部　戦後改革以来、70年間の制度運営の文脈
　第1章　財源確保――国の財政規律の投影　2012年度日本地方財政学会報告
　第2章　地方交付税――その成り立ちと機能　2013年度日本地方財政学会報告
　第3章　事務配分と財政調整制度　2014年度日本地方財政学会報告
　第4章　開発財政と起債制限・財政健全化　書下ろし
第2部　平成以来、改革の四半世紀を越えて
　第5章　地方分権改革　『地方財務』2013年11月号
　第6章　平成の合併と行政体制整備　2014年度学会日本地方財政学会報告

# 第1部

# 戦後改革以来、70年間の制度運営の文脈

# 第1章　財源確保　国の財政規律の投影

## 1　国の財政状況に付き合わされてきた歴史

### 相反する見方であっても地方分権では不思議に一致する

地方自治体は、住民に不可欠な公共サービスを提供している。なかでも、市町村は住民に密着した存在である。そこでは一定の財源が必要となる。しかし、その財源は常に不足している。国の高級官僚は、国の都合で、地方財源を出し惜しむ。それればかりか、天下り等で、自分たちが得をすることしか考えていない。現場のことなど知りもせず、関心すらない。机の上だけで仕事をしているだけである。このように、国と地方自治体との関係を、権力者の圧政に苦しむ罪なき民の構図になぞらえる理解の仕方がある。地方自治に思い入れのあるマスコミや識者にも、一部でそれがある。

その一方で、国の深刻な財政状況をよそに、地方関係者は口を開けば、国に対して財源をよこせと横柄に口にするだけの存在である。そして、そのお金の使い方は、どう見ても無駄が多い。いざ選挙となれば、与党への影響力も強く、その政治力を武器に圧力団体として財源をぶんどる。そのような地方自治体を猫かわいがりして、健全な地方自治を育ててこなかったのが、旧内務官僚の流れを引く総務省関係者である。地方自治・地方財政こそ、構造改革の対象となるべきである。このような見方に与してきたのが、近年のリベラルな改革派を称する政治家やエコノミストである。

このような2つの相対する考え方が不思議に一致するのは、そうした状況を打破するために地方分権が必要であるということである。もちろん、地方自治なり地方財政への見方がまったく違う以上、同じ地方分権であってもめざすべき方向性は異なる。地方分権によって、地方自治体が国のくびきから解き放たれるところまでは、両者は同じである。

異なるのは、地方自治への思い入れのある派では、地方が総額として十分な財源を手当てされ、全体としても国の財政調整制度によって格差是正がされるべきと考えることである。それに対して、地方を自分勝手な圧力団体とみなす派では、地方自治体は国をあてにせず課税自主権を発揮して自ら財源を調達すべきであって、国は最低限の財源調整はしてもよいが、それ以上の財政調整を望むならば、地方自治体間で、相互に話し合うなどして水平的に調整すべきであり、そこまでは国の責務としないと考える。両者の溝は深い。

一方、わが国では、中央集権が望ましいと表だって主張する意見は少ない。少なくとも主要政党は、ニュアンスの違いこそあれ、地方分権には賛成である。中央集権か地方分権かでは論争にはならない。地方自治・地方財政の現状をどのように診断をして、どのような地方分権改革が望ましいかという技術論に立ち入らなければ、本当の論点がみえない。地方自治や地方財政の問題を、一般人にわかりやすく伝えることが難しいと報道機関の関係者が嘆くのも、そこに理由がある。単に、国から地方自治体が解放されればよいとはならない。国と地方のあるべき距離感ともいうべきものがある。それを本書では、（国家による）統治と（地方）自治のバランスと呼んでいる。

## 握っているようにみえる風景

地方交付税は国から地方自治体に交付される使途の制限されない一般補助金であるが、個々の地方自治体が財務省に対して予算要求をしているわけではない。総務省が予算要求を行い、国の予算編成過程のなかで、予算折衝が行われ、一般会計予算のなかで財源が確保される。総務省は、概算要求の締め切り時に、要求内容を仮試算などのかたちで公表し、結果についても公表される。地方財源に対する予算折衝は、常に財源不足への対応であったことから、地方財政対策と呼ばれてきた。また、地方交付税の総額を含む地方財政全体の説明資料として地方財政計画が策定され、国会に提出されるとともに、閣議決定される。

地方財政に関する予算折衝の詳細が公表されることはない。財務省と総務省は激しい対立の構図にある反面で、毎年度の決着を冷静に振り返ってみると、落としどころを見いだすために「握っている」ようにみえる部分がある。地方財政対策の結果に対して、財務省については財政再建の目標を放棄していないこと、総務省としては地方財政運営に必要な財源を最低限確保したことが求められる。両省の顔が立つギリギリの線で決着されるのが毎年の常である。

地方自治体からみれば、地方財源は常に不足しており、満足できる額が確保されることはほとんどない。総務省が地方財源の確保を図ったと説明するのに対して、地方自治体の方は、どこかごまかされているような不信感の混じった感覚でみているところがある。その理由としては、財源確保が十分とはいえないこともあるが、地方自治体が総務省の説明資料のもつ意味を読み違えていることもある。一方、国の財政状況は先進国のなかでも最悪の状況である以上、国の財政再建を優先的に進めるべきという見方からすれば、地方財政については過剰に配慮されているという批判も多い。

そうした決着に対して、論理なき政治的決着であると否定的にみることは、あまり意味がない。地方財源の総額のあり方は、国の政策決定にかかる複雑な要素をさまざまに考慮したうえでのパワーバランスの結果として決まることはむしろ当然である。地方自治体が担っている公共サービスが、安定的に提供され、国民の権利が充足され、結果的に地域間の所得格差を是正していることは、内国統治の安定において決定的な意味をもっている。その一方で、地方財政は国家財政を基盤として成り立っている。地方自治体の論理だけが優先されるわけではない。その意味で、国と地方の財政当局は、最終的には程よいバランスのところで握ってもらわなければならない。

## 理屈は常に要求側にある

毎年度の地方財政対策の結果を冷静にみると、理屈（法制度や歴史的経緯からみた正当な理由）は常に財務省ではなく総務省にあることがわかる。国であっても地方自治体であっても同様であるが、要求側に理屈がなく、査定側に理屈があるということは、基本的にありえない。要求側が政治的理由を盾に横車を押すことはないわけではないが、そうしたことが長く続くことはない。

逆にいえば、理屈が総務省にあるからこそ、財務省は、これほどまでに悪化した国の財政状況にあっても、相当な無理をして、地方財源の確保に協力している、あるいは協力せざるをえない。査定側の論理は、金がないということである。それもまた十分に正当性のある理由である。国家財政が破たんをすれば、経済の基盤自体が壊れるからである。日本財政の問題は、予算の裏付けとなっている個々の法制度等の問題というよりも、総体としての法制度が予定している国民全体に提供する予定の公共サービスと、税法等に規定されている国民負担が、大きく食い違っているところである。そのどうしようもない矛盾の構造にあって、財務省と総務省は、地方財政についての予算決定をめぐって、毎年度、厳しい消耗戦を強いられていることになる。両省が握らざるをえない理由もまたそこにある。

その矛盾の構造は、大衆民主主義がもつ構造的な不安定さにある。戦後民主主義を礼賛し、市民社会、世界市民などということの欺瞞に気が付かなければ、財政赤字の問題には対処できない。そのことを深堀することは本書ではできないが、官僚批判や政治家の資質への批判に問題をすり替える愚だけは指摘しておきたい。

## 国と地方が一体的であることの宿命として

国と地方は一体的な存在である。かつては公経済を支える車の両輪という表現がされていたほどである。国を権力者と見立てると、地方の解放につながる地方自治の確立は正義となるが、それだけが唯一の価値基準ではない。

地方財源の総額決定あるいは地方財源不足への手当てに際して、国家財政の財政状況や財政健全化への方針の影響を強く受けることは、いわば当然のことである。地方財政対策が国の一般会計等の予算編成手続きのなかで決まる以上、何らかの意味で国家財政の不健全性が投影されるのは宿命である。詳細にみれば、地方財源の決定にあたっては、国家財政と地方自治体の財政を、何らかの意味で等しく不健全にするというかたちで決着をつけてきた構図が浮かび上がる。

地方自治の確立のために、そうしたもたれ合いの構図を打破すべきであるというのは、総体としてみたときにほとんど意味をもたないというのが本書の見方である。近年では、原理主義的と呼んでよいほど極端な地方分権の考え方に沿った地方行財政制度の改革が提案されることがある。そこでは、国と地方があわさって一体的に統治機構を形成しており、その協調が必要とされるという基本がともすれば忘れられがちである。統治と自治のバランスこそ、問われるべきことである。

## 2　制度形成の歴史的経緯に注目すべき

### わかりやすい仕組みがよい仕組みではない

　地方財政については、近年、実にさまざまな批判がなされてきた。そのなかには、地方財政制度の運営に問題があるというだけでなく、国民からみてわかりにくいこと自体が問題、という指摘も少なくない。わかりにくい仕組みは、不透明さの陰で、国民の利益につながらず政治家や官僚の利益を生み出す温床となるという見方がされることも多い。

　しかし、本来そこで問われるべきは、仕組みの複雑さ自体ではなく、複雑であることに必然性があるかどうかである。国家統治の仕組みである以上、わかりやすさは最優先の課題ではない。制度を理解しようとする有識者に求められる謙虚さが棚上げされて、単純化を求めた改革を推し進めることは大衆民主主義においては実現のためには不可欠といいながら、社会経済制度が実現してきた秩序なり安定なりを破壊する怖さは、いまや地方財政の分野を問わず、可能性の世界にとどまらない。

　地方財政の制度運営のなかで、一見して不合理と思われるような制度や仕組みのなかに、技術的な理由でそのように設計せざるをえないものが相当含まれている。短慮によってそれを修正すれば、角を矯めて牛を殺す結果となりかねない。地方財政制度の知見は、筆者がみるところ、驚くほど浸透していない。その代表的な例は第2章で取り扱う。

## 歴史的な形成過程に照らして評価されるべき

近年の制度改革の論議では、安易に抜本改革といった言葉が飛び交っているが、地方財政制度や地方自治制度のような社会の根幹に関わる制度・仕組みについては、その見直しにあたって、その歴史的文脈を明らかにして、それを踏まえて慎重に検討されなければならない。地方財政の制度運営において、いま何が課題であるか、どんな問題を解決すべきなのかを注意深く抽出し、これまでの制度運営の文脈を前提に、微修正を重ねて連続的に制度の見直しを図るという発想が重要である。

わが国の地方交付税をはじめとする地方財政制度は、占領期とその直後の時期において、その骨格が整えられた。地方財政平衡交付金や附加価値税のような仕組みは、理念として優れていても現実に実施することがきわめて難しく、連合国軍総司令部による統治という特別な状況の下でなければ、おそらく実施が具体的に検討されることもなかったものが含まれている。

総司令部の招きで来日し、税制や地方財政制度に関する改革案を取りまとめた昭和24年のシャウプ勧告は、画期的な内容であった。そのうち、結果的に附加価値税は導入が見送られ、地方財政平衡交付金だけが導入された。同時に、シャウプ勧告にはなかった部分が加えられ、また制度運営にあたって重要な部分が、実務的に実施可能なものにするという理由で大きく修正された。その修正のもっとも大きなものが地方交付税制度への改組である。そのような特異な経緯をたどったことが、第2章で示すように、法制度に大きな影響を与えている。

地方交付税制度のように、社会経済構造に大きな影響を与える制度の場合、それがどのように制度設計されて、運営されたかは、その後の歴史に大きな影響を与える。当然、そこに功罪両面がある。どのような制度として機能するかは、そこにいくつかの歴史的な偶然に左右される部分がある。属人的な要素にすら影響される。いわゆる経路依存性が当然のように存在する。

それも含めて歴史の積み重ねである。当然、そこには多くの技術的な課題があり、それを修正していかなければならない。しかし、既存の制度の問題点を修正することばかりに目を奪われて、安易に抜本的に改革することは相当危険である。既存の制度が担っていた秩序を、意図せずに破壊する愚を犯す懸念があるからである。

地方交付税制度のように60年以上も一定の役割を果たしてきた制度については、それがもつ機能を歴史的文脈のなかで明らかにし、それを今後の制度運営のなかでどう生かしていくかについて検討しなければならない。修正するにしても、漸進的に修正することが望ましい。抜本改革などと、軽々しく口走ること自体、歴史に学ばない徒として深く恥じ入るべきである。

道州制の導入が一部で検討されている。道州制が連邦制への移行を指向する限り、検討すること自体が愚かである。単一国家か連邦制かは、国家形成の歴史的経緯のなかで決まることであって、歴史的に見ても、国家体制としてどちらが望ましいかの優劣がつけられないというのが常識である。そうした常識が危うくなっていること自体が、長く続いた改革の時代の悪弊であるといえる。

## 3　地方財政運営の時期区分

敗戦後を起点に現在に至るまでの期間における地方財政の制度運営の軌跡について、地方交付税制度の変遷を中心に概観する。それぞれの時期における特徴的なできごとを取り上げ、毎年度の地方財政計画等の決定に対して国の財政規律がどのように投影され、どのように決着してきたかについて簡単に記述する。

昭和24年のシャウプ勧告を受けて、25年度には地方財政平衡交付金が発足する。わが国独自の地方財政調整制度として、還付税・配付税からなる昭和15年度に創設された地方分与税（23年度に還付税が地方税に移行し廃止されたことで地方配付税に改称）があったが、そこになかった仕組みとして、財源保障機能が盛り込まれたことが、地方財政平衡交付金の大きな特徴である。明確な意味で財源保障をするためには、財政需要を明示的に確定させる必要がある。財政需要を計測して不足を埋めることは、事務配分にふさわしい財源保障という地方財政制度の目的に適うという意味で、理念として優れている反面、財政需要をどのように捕捉するかという看過できない技術的な課題を伴う。昭和20年代後半の課題としては、財政需要の捕捉以前のものとして、経済力の回復が十分進まないなかで、必要な財源の絶対額が確保されなかったことが大きかった。そうした状況のなかで、地方財政規模の決定に要する調整を簡素化するなどの理由で、地方財政平衡交付金は昭和29年度から地方交付税制度に改組される。地方財政平衡交付金では、地方財政計画の歳出をゼロから積み上げて地方財政全体としての財源所要額を算出することになるが、地方交付税の場合には国税収入にリンクして地方交付税額が決まり、不足分がある場合にはその手当てをどうするかをめぐる調整となる。地方交付税の総額決定は、ベースは国税収入にリンクし、限界的な部分の調整が行われるという意味で、調整に要するエネルギーを省ける側面がある。

その後、昭和31年度には地方財政計画の積算の根拠が実態に沿うように見直され、小刻みではあるが、法定率の引き上げが段階的に行われている。そして昭和41年度に法定率が32％に一気に引き上げられたことで、地方交付税は、地方財政平衡交付金制度発足以来、ようやく本来の役割を果たすうえで必要な財源が確保されたとされる。

法定率の大幅引き上げが実現した背景には、昭和41年度から、国家財政が本格的に建設公債主義に転じたことがある。地方財政は、昭和30年代後半から投資的経費の拡大を実現するための地方交付税上の措置が講じられていたが、昭和40年代には折からの各種の地域開発計画の推進や過疎対策、都市部におけるインフラ不足の解消を受けて、投資的経費の拡大に転じている。

そのなかで地方財政に大きな転機をもたらしたのは、昭和51年度当初予算から国が赤字国債の発行に転じたことである。国の財政状況が危機的な状況にあって、地方財政においても法定率の引き上げを求める動きはあったものの実現せず、交付税特別会計（交付税及び譲与税配付金特別会計）での借入金でしのぐ方法をとるようになる。いまに至る折半ルールが開始されるのは昭和53年度である。

昭和50年代後半になると税収が回復したこともあって、交付税特別会計の借入からは一時的に脱却するが、昭和60年度にはいわゆる高率国庫補助負担金の補助率引き下げ問題によって、国と地方の財政当局は大きく対立する。その後、大型間接税導入問題でさまざまな技術的な問題が起きるなか、バブル経済に突入し、財政状況は一時的に好転する。国は赤字国債の発行の事実上の停止、地方は交付税特別会計の借入金の返済を果たしている。

しかし、平成4年度あたりから始まるバブル崩壊によって、再び財政状況は暗転し、その後、自民党単独政権の崩壊による政権交代、平成7年の阪神大震災と続くなかで、経済の長期停滞の時期を迎えるようになる。橋本龍太郎内閣の下で財政構造改革によって、国は財政再建を進め、平成10年度の地方財政計画はその影響を受けたが、参議院議員選挙の敗北を受けて交代した小渕恵三内閣ではただちに財政構造改革法を停止し、財政は逆に拡張路線に転じる。長期の経済低迷などがもたらした社会全体の閉塞感を一時的に打ち破ったようにみえたのが小泉純一郎内閣であった。平成13年に発足し、5年半の任期のなかで構造改革を断行し、小さな政府と経済成長によって財政再建を果たそうとした。

そうした経済政策は、平成19年に発足した福田康夫内閣によって密やかに、しかし大きく転換し、中福祉・中負担の考え方の下で、社会保障改革と増税による財政再建をめざすようになる。それは平成21年の民主党連立政権による政権交代後も基本的に変わらず、民主党政権において発足3年目で早くも3人目の総理大臣となった野田佳彦首相は、社会保障・税一体改革による消費税増税に強い意欲を示し、野党である自民党の賛成を得て増税法案を成立させた。

ついで安倍晋三（第2次）内閣になると、財政再建路線を放棄したわけでなく、いわゆるアベノミクスと呼ばれる成長戦略との両立を計る政策に転じる。その時点で、小泉内閣、あるいは細川護熙連立政権から続く「改革の時代」は、どうやら終わりを告げた印象がある。

そうした一連の流れのなかで、以下では、特に次に示す①～④の時点における地方財政対策など、地方財政の規模の決定や地方財政制度の改革の動きを詳細に検討し、そのなかで国と地方の財政当局、それぞれの論理について考察する。

①地方財政平衡交付金から地方交付税への転換における制度運営の文脈
②赤字国債発行下での地方財政
③高率補助金見直しへの対応
④近年の財政再建への動きから「基本方針２００６」「財政運営戦略」「社会保障・税一体改革」

# 4　揺籃期の地方交付税制度

## 地方交付税の揺籃期

昭和25年度に地方財政平衡交付金が従来の地方分与税に代わって導入された後、地方交付税に改組され、その法定率が昭和41年度から32％に改定されるまでの間は、いわば地方交付税の揺籃期にあたる。

昭和41年度までを一連の流れと捉えることが重要である理由は、次の3つである。第2章で詳述するが、地方交付税は、それ以前の地方分与税と地方財政平衡交付金の性格を兼ね備えたハイブリッドであるといえる。さらに、世界でも例のない本格的な財源保障機能として構想され、導入された地方財政平衡交付金について、それを運営上の技術的な課題を克服し、現実な仕組みとするためには、地方財政計画の策定方式や、地方交付税の算定方式が確定するための期間が必要であったことがある。加えて、財源保障機能と呼ぶには、事務配分にふさわしい財源であると実感できるだけの規模が必要であったことがある。当時の政治的また経済的な状況で機能するために、総額決定方式を税収の一定割合にリンクする方式に改組した。結果的に、折からの経済成長が生み出した国税収入の増を背景に交付税財源が充実し、それが満足すべき規模に達したのは、法定率を32％に引き上げる昭和41年度以降である。

### 地方配付税率の半減とシャウプ勧告

昭和24年度予算編成において、ドッジ・ラインを受けて地方配付税の税率が半減される（33・14%→16・29%）という思わぬ事態に陥った。インフレ抑制のために大なたを振るった意味はあるが、地方自治体の財政運営に与えた影響は深刻であり、地方財政に配慮のある削減とはとてもいえなかった。昭和23年から、地方財政収支の策定において財源計算方式を改め、地方財政収支の標準額を推定して改革案策定の基礎とする地方財政計画方式に切り替えられていたが、半減された地方配付税率に基づく地方財政計画の歳出額が、その後の地方財政計画の規模の出発点となったことから、昭和20年代後半の地方自治体の財政逼迫を招いた。

昭和24年のシャウプ勧告では、地方配付税について強く批判し、財政需要に応じた配分の必要性を強調した。そこでは、地方配付税のような財源調整機能だけでなく、財政需要を計測して収入額との差額である所要額を補てんする財源保障機能が必要とされている。それを満たすものとして地方財政平衡交付金の創設が勧告された。

## 算定に関わる技術的課題

シャウプ勧告では、地方財政平衡交付金の総額決定にあたって、ミクロベース（各団体）の基準財政需要額を積み上げて収入との差額で所要額を求めていくことが想定されていた。しかしながら、実際にはマクロベース（地方団体全体）の財政需要を地方財政計画の歳出というかたちで推計する方法にせざるを得なかった。統計情報の入手可能性の限界、情報通信手段の未発達、昭和の大合併前の1万を超える市町村数、現在のように計算機が使えないなどの状況を考えると、勧告の内容は現実的なものではなく、その修正はやむをえないところである。当時は、地方財政計画の歳出の算出では、前年度の数値を基礎に、制度改正や新しい制度の導入などの要素を加味する方法をとっており、人件費などは実態調査の結果とは大きくかけ離れていたとされるが、それへの対応が予算折衝のなかで容易に認められない状況であった。

さらに総額配分にあたっては、基準財政需要額（単位費用×測定単位×補正係数）で需要を捕捉し、基準財政収入額の差を補てんする仕組みであったが、基準財政収入額の基準税率は標準税率の100分の70とした。基準税率を100％未満にすることで、いわゆる留保財源が残る。留保財源を設ける理由は、税収入の総額を基準財政収入額とすると、地方行政の自主性を阻害し、交付金への依存が高まり徴税意欲を減退させるなどのあるべき論としての側面と、過不足なく標準的な水準による行政費を測定することに限界があるなどという技術的な理由が大きい。留保財源を設けた結果として、地方財政平衡交付金は交付団体間の財政力格差を完全には是正しない仕組みとなった。この算定の考え方はシャウプ勧告にはなく、実際に制度を運営するなかで必要とされてきた部分である。そのような算定方法は、地方交付税制度でも基本的に継承されている。留保財源には財源涵養努力を促すという側面もあるが、財政需要として完全には捕捉しきれないという技術的側面、財政力格差を完全に補正すべきではないという政策的判断の部分のそれぞれの意味が込められている。

財政需要の客観的計測がはたして可能なのかという疑問は、制度発足の当時からあった。財政需要をあえて緻密に捕捉しない地方分与税の方が考え方として有効であり、地方財政平衡交付金は国への依存心を高めるという見方は、旧内務省関係者の一部に強いものがあった。あるいは、地方分与税の成立にかかわった三好重夫氏などは有害であると批判するほど否定的な意見をもっていた。もっとも、地方財政平衡交付金を地方配付税方式に戻さなかったことが、その後の地方自治の充実に決定的な役割を果たしたという見方の方が旧自治省関係者のなかでは有力である。地方交付税の算定では、給与関係経費や経常的経費について一定程度の客観性が担保されるが、投資的経費にかかる財政需要の客観的な捕捉のあり方については、技術的にどこまで可能なのかという課題がある。特に昭和30年代以降、地方自治体に投資的経費の執行拡大を要請する際に、大きな課題として浮上している。

## 国庫補助負担金の整理

地方財政平衡交付金の考え方に沿えば、一般財源として包括的に財源が保障されているので、国庫補助負担金のような法令に基づいて財政需要が確定するような事業費に対する国の補助金は不要であり、奨励補助金だけが望ましいということになる。そこで地方財政平衡交付金の導入に際して、多くの国庫補助負担金が廃止されている。しかしながらそれは長続きせず、占領政策が終了して主権回復した昭和28年度には義務教育費国庫負担金が復活するなど、補助金の多くはその後復活し、新設拡充されている。その点は、第3章で再論する。

## 地方交付税制度への改組による総額決定方式の変更

地方財政平衡交付金は4年間運用されたが、毎年度の総額決定の過程で、国と地方の財政当局の意見が激しく対立し、その調整に多くのエネルギーが割かれる状況になった。そこで、総額を国税収入にリンクする方法に転換することが検討され、それには地方だけでなく国の財政当局も同意見であった。

地方の財政当局の見方に近いものとして、地方制度調査会第1次答申「地方制度の改革に関する答申」（昭和28年10月）があり、そこでは地方財政平衡交付金を地方交付税に改め、総額を国税の一定割合として特別会計を設置して繰り入れ、財源の大きな過不足は特別会計の借入や積立で対応するとされている。また、国の財政当局の見方に近いものとして、昭和28年の臨時税制調査会答申が同じく国税に総額をリンクさせる答申を行っている。もっとも後者は財源調整機能のみを主張し、財源保障機能の継続を想定していなかった。そこでは地方交付税は一種の渡し切りの補助金であり、年度間の調整を行うことは想定されず、したがって特別会計設置にも消極的であった。対案を示したかたちになった政府税制調査会は、そもそも地方制度調査会に対抗する意味もあって設置されたという見方もある。そこにもパワーバランスの構図がある。

地方交付税の制度設計にあたって焦点となったのが、地方交付税法第6条の3第2項をめぐるものであった。その規定に沿って法定率の見直しがされる場合、総額決定は国税収入の一定割合とするものの、中長期で法定率は調整され（昭和29年の地方交付税創設を審議する自治庁長官の国会答弁で、そのことは明言されている）、長期的には財源保障機能をもつことになる。国の財政当局は、その見解には否定的であり、以後、地方交付税のあり方をめぐって節目、節目で法定率の引き上げ問題が浮上することとなる。法律名まで変えながら、地方交付税法を地方財政平衡交付金法の一部改正としたこだわりの背景には、長期の財源保障機能の担保にねらいがあったとされる。また前述のように、配分方式でみても、補正係数の充実などはあるが、基本的な考え方は地方財政平衡交付金を踏襲している。

### 転機となった昭和30年度の地方財政対策

地方配付税率の半減以来、地方財政計画の歳出規模は容易に見直すことができなかった。地方交付税へ改組されても状況は変わらず、地方自治体に十分な財源が配分されず、赤字団体が続出した。そのなかで、昭和30年度の地方財政対策でも自治庁の財源拡大の要求は受け入れられず、その結果、自治庁は地方財政計画の歳出が歳入を上回る赤字計画を閣議に一度は提出した。国の財政当局と妥協して地方財政計画の歳出を不本意な水準に圧縮するよりも、財源不足が発生しているにもかかわらず、国の財政がそれを埋められない現状を明らかにすべきという判断である。しかしながら、結果的に収支均衡していない地方財政計画の閣議決定には、当然のように強い反対意見が出て、地方に多額の経費節約を求める厳しい内容の歳出とする計画を再提出して閣議決定に至った。もっともそのできごとは、政府が地方財政に十分対応できないとして、国の財政当局の責任を問うニュアンスで報道されたことで、政府として何らかの対応措置が必要との政治圧力を生じさせることとなった。

地方交付税法は地方財政平衡交付金法とは異なって、地方財政計画の歳出と歳入の関係から毎年度の所要額が決まるという考え方をとっていない。地方交付税法の第7条に地方財政計画に関する規定があるが、歳出が歳入と同額であるということが前提となっている書き方ではない。第6条の3第2項において、中長期で法定率の見直し等で歳出と歳入のバランスを図るとされているのみである。歳出と歳入を毎年度同額にしてきたのは運用のあり方の問題である。

法的には国が地方公共団体を設置する。その理由は一定の事務権限を法令等で規定して、事務権限を委任するとともに、各地方公共団体が責任をもって地方自治を展開する環境を制度面でも財政面でも担保することである。何らかの意味で、地方の財源を保障することは国の責務である。また国の予算には多くの地方向けの補助金が含まれており、地方が補助事業を執行するためには、いわゆるその裏負担分（補助金以外の地方自治体の一般財源充足分）が保障されていなければならない。地方財政計画の歳出が歳入を上回っている状態であることは、国として地方への約束を果たしていないことを認めたことだけでなく、自ら編成した補助金予算が執行不可能である蓋然性を認識していることにもなり、自己否定ですらある。地方財政計画を策定する以上、その歳出と歳入が同額でないという結果は公表できない。そのことが、昭和30年度地方財政計画の閣議決定をめぐる動きの背景にある考え方である。それ以降、地方財政計画の歳出と歳入が同額とする運営が定着した。

昭和30年度の当初予算では、本来あるべき額から相当圧縮した地方財政計画（総額約1兆円に対して、191億円は「節約」によって対応とされている）をもとに地方交付税の総額が決まり、地方交付税の配分をした。しかし、当時、財政再建団体が続出している地方財政の窮乏に対して、国会のなかでも地方財政危機に配慮すべしとの声が上がり、地方財政を中心に審議する昭和30年の臨時国会では、法定率引き上げに代わるかたちで、臨時地方財政特例交付金の交付を決定し、地方財政計画を修正している。そして、昭和31年度には22%から25%に法定率の引き上げを果たすとともに、懸案とされていた地方財政計画の策定方法を見直して、実態調査に基づく給与費の適正化が行われるなど、実態との乖離を修正する方向に踏み出している。その後、国の所得税等の減税に伴って交付税財源を圧縮した効果を取り戻す等の名目で法定率は小刻みに引き上げられるが、インフレと高度経済成長の時期であるので、税の自然増が大きく、実質的には地方交付税の総額を伸長させる効果があった。

なお、地方交付税法では地方財政計画の歳出と歳入が同額でないことを前提にしていないなかで、同額であるという運用をしている結果、条文が与える印象とは異なる運用になっていることに注意を要する。その点は第2章で詳述する。

## 地方財政再建促進特別措置法の開始と財政力の弱い団体への配慮

昭和30年度には多くの地方自治体が赤字に転落しており、その再建をいかに進めるかが大きな課題となった。再建は基本的に債務調整等に拠らない自主再建であることが原則であり、国の財政支援は一定の再建期間中に返済が前提の資金手当などに限られることが主な考え方である。もっとも地方財政計画の規模が押さえ込まれた状況で、地方自治体の財政再建を推し進めることには無理があり、地方財政再建促進特別措置法が成立したのは、前述の法定率の引き上げに代わる臨時地方財政特例交付金の交付を決めた昭和30年の臨時国会であった。

再建団体には人件費圧縮など厳しい財政健全化の措置を求めることになる。その一方で、地方交付税制度は交付団体間の財政力の格差を完全に是正するものではなく、特に基準財政需要額に原則算定されない公債費負担が、税収の少ない団体には重くのしかかってくる。そこで、再建団体には国庫補助負担率のかさ上げを行い、負担軽減を図っている。さらに、昭和31年度からは、普通交付税の算定において、投資的経費への特別態容補正を導入することで、財政力の弱い団体に配慮している。こうした一連の財源手当は、その後の地域開発促進法に基づく補助率の引き上げや、さらに後進地域特例等の実現などの投資的経費に対する財源措置の充実に結びついていく。

## 地方財政法によって建設公債主義と国との負担区分の原則を明らかに

再建団体制度との関連では、財務会計制度や建設公債主義による起債制限の考え方も重要である。再建団体制度では、資金不足をもって財政悪化を診断する指標としているが、それが妥当であるのは現金主義会計を前提とする財務会計制度（地方自治法で規定）と、起債を原則制限して、投資的経費に限定する起債への規制（地方財政法で規定）が前提となっている。

なお、昭和23年に地方財政法を施行した直接的な動機は、地方債の起債のあり方と、国庫補助負担金事業における国費・地方費の負担区分を明確にして、地方自治体の財政が補助金行政によって逼迫することがないように防衛する意図とされる。そのことは、現在の条文においても、新たな事務に伴う財源措置を定めた同法第13条第1項（地方公共団体又はその経費を地方公共団体が負担する国の機関が法律又は政令に基づいて新たな事務を行う義務を負う場合においては、国は、そのために要する財源について必要な措置を講じなければならない）や、地方公共団体が負担すべき経費の財政需要額への算入を定めた同法第11条の2（第10条から第10条の3までに規定する経費のうち、地方公共団体が負担すべき部分は、地方交付税法の定めるところにより地方公共団体に交付すべき地方交付税の額の算定に用いる財政需要額に算入するものとする（一部省略、以下、略））などで確認することができる。

一方、地方財政法第5条の建設公債主義の規定の緩和は、その後、地方分権改革の議論が盛んになるなかで何度も見直しの検討が行われ、地方分権一括法による協議制の導入を経て近年の事前届出制に至るなど見直しが進んでいる。予算の形式や財務会計の規定は、前年に施行されていた地方自治法に盛り込まれていたことから、地方財政法に取り込むことは見送られた。その後、地方自治法の昭和38年の改正において、今日に至る財務会計制度が整えられている。それらの点は第4章で詳述する。

### 国家財政の建設公債主義への転換と法定率の32％への引き上げ

法定率が32％に引き上げられた昭和41年度の地方財政対策における折衝は例年以上に難航し、41年度予算の大蔵原案が出された時点では、地方財政対策の決着がついていない状態であった。いわゆる昭和40年不況によって、40年度の補正予算で財源手当が行われるなか、自治省は法定率の要引き上げ率を５％と見込んで予算要求した。

昭和41年度予算は、当初予算から建設国債の発行を見込んでおり、国の財政運営が大きく転換した。そのなかで、自治省には、国債発行が長期に続くような場合、国の財政の財源構成が変わるので、法定率が一定では、国と地方の財源配分のバランスが崩れる。国の財政収入が国債ではなく一般財源のかたちで収入されたとしたときに、地方財政が得られるであろう収入を保障する措置としての法定率の引き上げを求めた。

折衝は難航したが、法定率が一気に２・５％上がって32％になるとともに、昭和41年度予算編成方針では、「機構の新設、定員の増加を厳に抑制し、経費の徹底的な節減合理化を図ることを前提として、国においても必要な財源措置を講じ、その健全な運営を確保する」とした。国の財政政策の転換を図るなかで、その影響を被る地方財政に対する国の責任や態度を明確にしたものであり、地方財政を従来以上に尊重する姿勢が示されたことは特筆すべきでことある。その背景には、当時の福田赳夫大蔵大臣が、国家財政と地方財政は車の両輪として、国の財政と地方の財政の一体性を強調し、地方財政へ特に配慮があったことがある。

その際の32％への法定率の引き上げは、国税３税収入の減税に伴う減収額（初年度２・２％、平年度２・５％）に対応するものということが自治省の説明資料における見解である。確かに、初年度ベースではそうであるが、景気が回復すれば実質的な財源回復になることは当然周知されたうえで、大蔵・自治の両省折衝が行われていることから、事実上の地方財源充実のための措置であったといえる。その後も、法定率の見直しや対象税目の拡大は行われているが、インフレでもなく経済成長が期待できない時期であるだけに、交付税財源の確保のための措置であって充実のためのものではない。もっとも、近年の社会保障・税一体改革の閣議決定案における消費税にかかる法定率の見直しは、財源確保のためのものといえる（消費税率が上がるなかで、法定率としては引き下げとなる）。

### 揺籃期にはほとんどすべての問題が表れる

以上のように、地方交付税制度が発足して以来の運営のなかで、問題となる課題の原型がほとんどすべて顔を出している。揺籃期にはすべての政策的課題におけるシーズが現れるといえる。マクロの財源不足への対応、法定率のあり方、特別交付税を含めた地方交付税の算定（衡平な財源配分のあり方）、補助金のあり方とその改革、留保財源がもたらす財政力格差と財政力に乏しい団体への公債費負担等への配慮、開発財政、災害復旧財源のあり方、国との負担区分、地方債の発行ルールと起債制限、再建団体制度、その前提となる財務会計制度を含む公会計制度などである。

## 5　赤字国債発行下での地方交付税

昭和40年不況を契機に国家財政が建設国債主義に転じた際には、法定率の引き上げが実現したが、第1次石油危機の後、大きな不況に陥ったことで赤字国債の発行に追い込まれた際には、法定率の引き上げは実現せず、当面の措置として交付税特別会計の借入等で対応するなどの措置にとどまった。赤字国債の発行は昭和50年度の補正予算に始まり、国税収入の大幅な減少によって、地方財政では、地方交付税の減収補てんの措置が必要となった。そこで、国税3税収入の減額補正に伴う地方交付税交付金の減額分は、交付税特別会計の資金運用部資金の借入で補うこととされた（2年据え置き10年償還）。この借入については、国税収入の減少に伴うものであるので、償還金の金利は国の一般会計の負担であるとされ、元本償還については、その後の各年度における国と地方それぞれの財政状況に応じてその取り扱いを決定するということとされ（大蔵、自治両大臣の覚え書きに基づく）。その他に地方財政対策のための臨時地方特例交付金の交付や、地方税減収などに対する地方債による減収補てん措置などが講じられている。

昭和51年度の地方財政対策にあたっては、41年の法定率の引き上げと同様の措置をとるべきという意見は当然あり、事実、国会審議でもその実現を求めるべきという強い意見もあった。しかしながら、自治省は法定率の引き上げを、昭和51年度予算の概算要求において見送っている。その理由として、国の財政逼迫が著しく、赤字国債発行に頼る状況であって、経済情勢も高度成長から低成長への過渡期である。そうしたなかで恒久的な制度改正を行うのは適当ではなく、国、地方とも公債発行や借入などによる臨時補てん措置が適当というものであった。また、国の財政当局のなかには、昭和41年度の法定率引き上げの後、景気の回復によって租税収入の増加とともに地方交付税が増加する一方で、建設国債を減額する過程で、国の一般会計が交付税特別会計からの借入でしのがざるを得なくなった経緯に照らせば、交付税率の変更は経済情勢の推移を十分見きわめたうえでなければ軽々に行うべきでないという強い意見があり、法定率の引き上げが容易に求められる状況ではなかった。

昭和51年度予算折衝では、地方債の借入が急増に伴う政府資金の不足への対処の必要から、多年の懸案である地方団体金融公庫を設置して、貸付対象を普通会計債に広げることが要求された。それに対して、大蔵省は、国内資金の不足は公庫改組では解消しない、一般金融機関や証券界に実績のない公庫が巨額の特別公募債を発行しても消化できない懸念がある、普通会計債を取り扱う政府系金融機関の設置は一般公共債の一元管理上の問題であるなどの理由で強く反対し、実現は見送られた。

そうしたなかにあっても、大蔵省、自治省の両省は、地方財政が国と同様に深刻な財源難に陥っており、強力な財源補てん策が不可欠という基本的認識は同じであり、地方財源対策は、国の予算案を策定する以前に両省が合意に達しなければならないことでも一致したとされている（昭和51年度『改正地方財政詳解』地方財務協会)。

昭和51年度の地方財政措置では、地方財源不足額2兆6200億円に対して、地方債(特例地方債)の増発によって1兆2500億円、地方交付税の増額によって1兆3700億円でカバーすることとし、後者については、交付税特別会計の資金運用部資金からの借入1兆3141億円で大部分がカバーされることとなった(2年据え置きの10年で償還とされ、昭和50年度の補正予算における借入の対応と同じように、借入利子は一般会計負担、元金の償還についても、地方財政に過重な負担とならないように配慮する合意について大蔵・自治両大臣の覚え書きを交わしている)。なお、地方債措置は、

○公共事業および高等学校の新増設費に対する地方債の充当率の引き上げで8000億円(従来、適債事業でなかったものも含めて地方負担または基準事業費の95%(都市計画事業は60%)の起債充当、80%を下らない額を基準財政需要額に算入する財源措置)

○地方交付税の算定のなかで包括算入というかたちで算入されていた投資的経費の地方債への振り替えで4500億円(地方財政法第5条に掲げる経費以外にも充当できる特例、この特例地方債の元利償還金は全額、基準財政需要額に算入)

からなる。

翌年度、昭和52年度予算の編成時期になっても国税収入は回復せず、赤字国債の発行が継続される

見通しとなった。そこで、昭和52年度の地方財政対策では、自治省は法定率の引き上げを要求している。しかし、大蔵省は、財政事情は地方に比べると国の方が深刻であること、地方交付税法第6条の3第2項の規定は、国、地方の両者が全体として調和のとれた財源を確保し得る事態を前提として、国、地方間の財源配分を調整することを求めているのであって、現在のように国も地方も財源の絶対量が極端に不足している異常事態では、地方もまた借金によって対策を講ずるのもやむをえないということ、さらに何よりも、経済の激変に伴う現在のような異常事態において、交付税率の引き上げのような財源配分の恒久的な変更を行うことは適当でないといった理由から強く反対した。

同年度の地方財政対策をめぐる予算折衝は難航をきわめ、昭和41年度以来の2度目として、地方財政対策が決着をみないまま、予算の大蔵省内示が行われている。決着は基本的に前年度と同じスキームであるが、交付税特別会計借入金の償還金に対する国の負担の法定化（交付税特別会計借入9400億円にかかる償還金のうち4225億円を臨時地方特例交付金として繰入、地方交付税法附則第8条の2に基づく）が行われた。翌年度の昭和53年度には、交付税特別会計借入金の償還金に対する国の負担の制度化（昭和53年度以降当分の間、交付税特別会計借入にかかる償還金純増加額の2分の1に相当する額を、当該借入金を行った年度後の年度において臨時地方特例交付金として繰入する（同法附則に基づく、また50年度および51年度の借入金の償還金についても同様の措置を講じる））が行われた。そこで定められた国と地方の交付税財源不足への対応の方式が、いわゆる折半ルールといわれるものであり、翌53年度に当面の措置としてルール化され、今日まで継続されている（地方の折半分の負担については、平成13年度から臨時財政対策債に段階的に切り替えられた）。所得税等の国の基幹税において規模の大きな増税が容易に実現しないなかで、赤字国債の発行でしのぐ状況において、地方財政の財源不足は国と地方の折半で負担するという今日まで続く運用ルールが、この時期に確立されている。それが国と地方の財政当局間のバランス感覚である。

## 6　高率補助金見直し問題

昭和50年代の厳しい財政状況をくぐり抜け、地方財政が安定しかけたタイミングで、国の財政当局が地方に負担増を求めようとしたのが、昭和60年度地方財政対策に端を発する高率の国庫補助負担金に対する補助率の引き下げである。当時、国の財政運営では、赤字国債を減額して脱却することが財政再建の目標であった。昭和59年2月の「財政の中期展望」において、60年度の要調整額（財源不足額）は3兆8700億円（一時的に停止していた国債整理基金特別会計への定率繰入を復活させてもなお財源不足は大きく、特例国債減額のための措置が不要）とされていた。昭和59年7月には臨時行政改革推進審議会が、著しく高率の補助や人件費補助等の見直し方針を打ち出した意見を取りまとめ、それを受けた昭和60年度予算の概算要求基準（閣議了解）に、「原則としてその1割を削減する」

との方針を示した。

8月末に締め切られた各省の概算要求では、厚生省など9省庁が、国庫補助負担率が2分の1を超える非公共事業にかかる国庫補助金等（国庫補助負担率が10分の10のもの、地域改善事業、沖縄関係経費を除く）を対象に、現行補助率を1割引き下げた要求を行った。厚生省関係では生活保護費、老人福祉施設、障害者福祉施設、保育所の運営、福祉手当や精神障害者の措置入院費について、10分の8を10分の7・2に、文部省関係では小中学校の校舎整備費について急増市町村や離島分にかかる補助率かさ上げによる3分の2を5分の3に、労働省関係では失業対策事業の失対賃金などの補助率3分の2を5分の3にした。それに伴う国庫負担の圧縮額は2363億円となった。

補助事業における補助率のカットは、一般財源負担分を引き上げることになるので、国と地方の負担のバランスでみると、国から地方へ負担の一部転嫁を意味する。地方分権の考え方に沿う限り、補助事業が単独事業になることは望ましいことであるので、自治省として補助金の削減には基本的には賛成であるが、補助事業を通じた国の関与を減らさずに、負担割合を一部下げて負担だけを転嫁することは認めがたい。そこで、7月末の概算要求基準の閣議了解に際して、自治大臣は、補助金等の整理合理化等にあたっては、事務事業の廃止縮減を基本とするとともに、国と地方の共同責任で実施されている事務事業については費用負担割合を堅持するなど、国・地方間の財政秩序を維持し、地方に財政負担を転嫁する措置はとらないよう要請する発言を行った。しかしながら、各省による概算要求の結果は、そうした自治大臣の発言の趣旨に反するものであった。

自治大臣は関係省庁に対して、国と地方の間の機能分担を見直すことなく補助率を一律に引き下げることは、国の財政負担を地方に転嫁することにすぎないとして容認できない旨を申し入れ、9月11日の概算要求額閣議報告の際には、自治大臣は閣議において、「行政の簡素合理化、事務事業の廃止・縮減等に基づく補助金の整理合理化ではなく、一律の補助率引き下げは行革の基本理念に反する。地方の理解も得られるよう、今後、関係省庁と協議・調整を行う」といった旨の発言を行っている。さらに、補助金の整理合理化の方策について対案を大蔵省に示している。そこでは、職員設置費にかかる補助金、地方の事務として同化・定着している事業にかかる補助金、会館等公共施設の整備にかかる補助金等を廃止することや、児童手当や保育所などの制度、施策の抜本見直しを行うことなどが盛り込まれている。

その後、大蔵省は各省協議を行い、義務教育費国庫負担金の補助率を引き下げる（事務職員、学校栄養職員、旅費、教材費、共済費、恩給等を国庫負担の対象から除外し、地方交付税の不交付団体の国庫負担を10％カットする）こと、公共事業にかかる補助率を引き下げること（国庫債務負担行為の歳出化や災害復旧関係経費等を除いて補助率が2分の1を超える補助金等をおおむね10％引き下げたラウンドな補助率とし、補助率引き下げに伴う国庫負担の減額相当額は公共事業の事業量の確保に充てることとして、引き下げは時限的なものとする）、非公共事業にかかる補助率についても端数を整理した補助率に置き換え、行革関連特例法による地域特例の6分の1カットを1年延長することなどを取り上げている。

高率補助金の補助率カットをめぐる国と地方の財政当局の対立は厳しく、折衝は難航をきわめ、予算内示直前まで決着がつかずに自民党の政務調査会長の裁定を経て、昭和60年度地方財政対策のなかで次のような対応をすることとなった。

○国庫補助負担率の引き下げは国の深刻な財政状況の下で、経常経費系統については暫定措置で昭和60年度に限り行われる。また社会保障関係については昭和60年度において国と地方の役割分担等を検討する。

○国庫補助負担率の引き下げに伴う地方の財政負担の増は、地方財政対策において万全の措置を講じ、地方財政運営に支障をきたさないよう配慮する。

○国庫補助負担率の引き下げをしない前提で地方財政の収支が均衡するので、国庫補助負担率の引き下げに伴う地方負担の増について、経常経費系統は地方交付税の特例加算と地方財源への振り替えで対応することとし、投資的経費については建設地方債の増発で対処する（臨時特例地方債を充て、その元利償還金について交付税上の措置を講じ、元利償還に要する額の2分の1を国が交付税特別会計へ繰り入れるなど、行革関連特例法に基づく地域財政特例債の例に倣う）。

それらを通じて、国家財政における資金不足をカバーするために地方の負担が増えることをいったんは容認するものの、一部は地方交付税の特例加算で地方財源の強化を行うと同時に、地方債の増発でカバーするものについては元利償還金について交付税措置を行うとともに、元利償還相当額の２分の１は交付税特別会計の繰入でカバーしている。そこでも一種の折半ルールで対応され、国債発行の減額に対して、地方が一定程度、協力するかたちで収まっている。

## 7　近年の地方財政の動きのなかで

### 基本方針２００６における地方財政

高率補助金の見直し問題は昭和61年度にも続くが、62年度は売上税の導入を企図して断念したことで地方財政も大きく影響を受ける。その後はバブル経済による税収の増加によって、交付税特別会計の借入金の返済が実現するなど、財政再建の動きは小康状態となる。バブルが崩壊して財政状況は再び悪化し、阪神大震災の復旧・復興措置の後、橋本内閣では財政構造改革が進められようとするが、国政選挙での与党の敗北もあって、小渕内閣では景気刺激型の予算に転じている。森喜朗内閣を経て小泉内閣が誕生すると、一転して構造改革路線によって本格的な歳出の見直しが始まる。聖域なき改革のなかで地方財政も例外ではなく、いわゆる平成16年度地方財政ショックなどで、地方財政計画の規模はピーク時の90兆円近くから80兆円台の前半まで圧縮される。そして、小泉内閣はその最終局面である基本方針2006において、本格的な財政再建策である歳出・歳入一体改革を取りまとめている。

そのなかでは、「国と地方の信頼関係を維持しつつ、国・地方それぞれの財政健全化を進める」と定め、前提条件として国と地方の信頼関係が重要であることを強調したうえで、地方歳出は国の取り組みと歩調を合わせて圧縮することによって、地方公務員の人件費削減と地方単独事業抑制の方針を打ち出している。もっとも注目されるのは、中段以降の次の箇所である。

(2)過去3年間、毎年1兆円近く削減してきた地方交付税等(一般会計ベース)について、地方に安心感を持って中期的に予見可能性のある財政運営を行ってもらえるよう、地方交付税の現行水準、地方の財政収支の状況、国の一般会計予算の状況、地方財源不足に係る最近10年間ほどの国による対応等を踏まえ、適切に対処する。

(3)これにより、上記の歳出削減努力等とあわせ、安定的な財政運営に必要となる地方税、地方交付税(地方財政計画ベース)等の一般財源の総額を確保する。

(5)地方分権に向けて、関係法令の一括した見直し等により、国と地方の役割分担の見直しを進めるとともに、国の関与・国庫補助負担金の廃止・縮小等を図る。交付税について、地方団体の財政運営に支障が生じないよう必要な措置を講じつつ、算定の簡素化を図る。(以下、略)

それらのうち、(2)の前半と(3)の箇所は、地方財源についてこれまで1兆円近く削減するなど改革に取り組んだ実績を強調するとともに、一般財源の総額を確保し、少なくとも急激に削減することなく、中期的に予見可能にしておくことが、安定的な財政運営のうえで必要であることを強調している。それに対して(2)の後半については、明示的ではないものの、地方以上に国の一般会計の財政状況が厳しい状況にあることや、過去10年間、そのなかにあっても国が地方を支えてきた実績を強調することで、次に地方が譲歩すべきではないかというニュアンスを表している。総額について、少なくとも維持し安定した水準にすべきであるという地方の主張と、国の財政状況を踏まえて見直すべきは見直すという国側の主張を、あえて1つの文章に並べて書き込むかたちにすることで、相打ちの状態であることを示している。

なお、(5)の2番目の文章は、いわゆる新型交付税の導入の動きに対して、算定の簡素化を図るものの、地方団体の財政運営に支障が生じないような必要な措置をとることで、算定式の変更によって普通交付税の配分が大きく変わるなど、重大な影響が及ばないように配慮することを明らかにしている。新型交付税は制度としては包括算定方式と呼ばれるが、その仕上がりに対するイメージとして注意すべき記述である。

## 財政運営戦略における地方財政

民主党連立政権による政権交代後、鳩山由紀夫内閣は消費税率の見直しを含む抜本財政改革には積極的ではなかったが、中期的な財政健全化に向けての取り組みを進め、平成22年6月に財政運営戦略を取りまとめている。そこでは、国・地方の基礎的財政収支（プライマリー・バランス）について、「遅くとも2015年度までにその赤字の対GDP比を2010年度の水準から半減し、遅くとも2020年度までに黒字化する」という目標を立てているが、地方財政はおおむね基礎的財政収支が均衡しており、国単独の目標についても同じ表現となっている。そのことは、地方財政収支の状況が大きく変わらない限り、基礎的財政収支の均衡は主として国が行うことを意味している。原則として建設公債主義である地方財政では、臨時財政対策債の動きを別にすると、投資的経費の拡大局面でなければ基礎的財政収支は赤字にはならない。

次に、地方財政の安定的な運営として、「財政の健全化については、まず、国が本戦略に則り改革に取り組んでいくことはもとより、公経済を担う国及び地方公共団体が相協力しつつ行うことが必要である」として、同じく財政再建は国が率先すると同時に、国と地方は協力するとされている。そして、「地方公共団体に対し、上記の国の財政運営の基本ルールに準じつつ財政の健全な運営に努めるよう要請するとともに、国は、地方財政の自主的かつ安定的な運営に配慮し、その自律性を損ない、又は地方公共団体に負担を転嫁するような施策を行ってはならない」とあるように、文章の前半では地方財政の歳出抑制を促し、後半は国が地方財政の健全な運営に配慮を求める内容になっており、方向として逆の表現を1つの文章に取り込むことでバランスを図っている。国が地方に「負担を転嫁するような施策」との一例として、昭和60・61年度の高率の国庫補助負担金の補助率引き下げのような手法がある。

## 社会保障・税一体改革成案における地方消費税率の決定

平成23年6月、社会保障・税一体改革における成案が難航の末に取りまとめられ、12月には社会保障改革の内容等を具体化するとともに、10％に引き上げられる消費税における国分と地方分の配分などからなる素案が決着した（素案の閣議報告は24年1月）。成案決定の過程における社会保障改革案（2011年6月2日、社会保障改革に関する集中検討会議）では地方財政に厳しい意見となり、それを巻き返したことで社会保障・税一体改革成案（2011年6月17日成案決定会合）における地方財政に関係する部分は、地方財政に対して配慮した内容に変わっている。

社会保障改革案が地方財政に厳しいことは、明示こそされていないものの、「（3）国・地方を通じた社会保障給付の安定財源の確保」の箇所に表れているように、消費税収（国・地方分）については、現在の地方消費税となっている部分と国の消費税のうち交付税財源となっている部分を一度リセットして、10％に引き上げられる消費税を社会保障給付の国と地方の負担分の大きさに応じて配分するといった趣旨になっている。その場合、消費税率が5％から10％に引き上げられても、地方の財源となる部分は実質的に現在の水準とほぼ変わらず、税率引き上げによる増収分はほとんどすべて国に帰属するかたちになる。詳しくは第8章で再論する。

それに対して成案では、「現行分の消費税収（国・地方）についてはこれまでの経緯を踏まえ国・地方の配分（地方分については現行分の地方消費税及び消費税の現行の交付税法定率分）と地方分の基本的枠組みを変更しないことを前提」とするとされている。また、「2　改革の優先順位と個別分野における具体的改革の方向」の箇所では、社会保障改革案にはなかったものとして、「地方自治体は、国費に関連する制度と相まって、地域の実情に応じて、社会保障関係の地方単独事業を実施する」として、社会保障における地方単独事業の意義を確認するとともに、地方単独事業の事業費も含めて、国と地方の消費税収の財源配分ベースとすることが成案で盛り込まれた。それらを通じて、社会保障改革案から一転して、成案では消費税率の引き上げに対する地方への配分についての地方の主張が取り入れられたかたちになった。

以上、3つの事例をあげたが、そのほかにも、国の財政再建に関連して地方財源の圧縮が俎上に載ることは多い。小泉内閣当時の地方財政対策では、地方財政計画の圧縮が課題となったが、そのなかで、特に地方財政の課題として指摘されたことの1つに、地方財政計画のいわゆる決算乖離がある。それまでの地方財政対策では、地方財政計画の総額は常に焦点であったが、その内訳・構成については、指摘はされたことはあるものの、重要な論点にはなってこなかった。決算乖離が生じていることは、地方財政計画の信頼性や計画としての妥当性に関わるものであるので修正の必要はあるが、乖離是正を計画の歳出の内訳の見直しにとどまらず、総額の圧縮につなげるとなると、国と地方は大きく対立する。

地方財政をめぐる毎年度の予算折衝のなかで検討された結果として、平成17年度から3年間で、投資的経費から経常経費への決算乖離の是正は行うが、一般財源ベースでみたときの総額圧縮にはつながらない決着となった。ただし、乖離是正分は臨時財政対策債を充てることとした。その結果、乖離是正を行ったことで、いわゆる折半ルールにおける財源不足分が減少することとなり、国の赤字補てん分が少なくなった。結果だけをみると、折半ルールを崩して国債発行減額がねらいであったように映る。

民主党連立政権に政権交代してから、いわゆる事業仕分けが行われてきたが、合計4度のうち、最初の3度の仕分けのなかで地方財政はかたちこそ違え、毎回、俎上に載ってきた。平成23年11月の提言型政策仕分けでは、地方財政：地域主権型の地方税財政のあり方に対して、「国と地方の財政の関係性については、地方が自己決定・自己責任で事務を行いその財源は地方が課税自主権を発揮して地方税を中心に自主的・自立的に調達すべき、地方交付税の国への過度の依存を絶つべき、一般会計での加算を即時廃止すべき、地方交付税の総額を抑制すべき、国と地方の関係の中で公共支出に係る責任関係を明確にすべき、補助金の一括交付金化（ただし全体として減額）を促進すべき、思い切って地方に任せるべきといった意見が多数あり、当ワーキンググループとして、国への依存・国による支配から脱却し、地方の一層の自立を可能とするような仕組みとすべきということを提言する」とされた。それに対して平成24年度の予算編成についての地方財政関係予算の担当主計官による説明資料（財務省・松尾主計官「平成24年度総務省予算のポイント」平成23年12月）では、「提言型政策仕分けを踏まえた地財計画の合理化・適正化の着実な推進（地方再生対策費と地域活性化・雇用等対策費の整理・統合等）」と説明されている。仕分けの提言に対して、テクニカルな部分で対応したという印象である。国と地方を含めた内国統治において、地方財政計画なり地方交付税は根幹的な仕組みであって、それを即時に根こそぎ覆すことは、法的な枠組みに照らしても現実的ではない。事業仕分けといった政治的な仕掛けで対応できる範囲は限られているということでもある。

以上のように、近年ではさまざまな改革を通して地方財政にかかる仕組みが揺さぶられてきたが、その都度、制度的な枠組みを堅持しながら、当面の課題に対処するというかたちでしのいできた印象を受ける。国の財政状況の悪化がさらに長く続くようなら、地方財政に対する風当たりは一層厳しくなり、国と地方の財政当局としての相互の信頼関係を一層揺るがせる状況になる懸念がある。

## 8　地方交付税の歴史的評価

以上のように、地方財政平衡交付金から地方交付税へ改組され制度が始まった時期から現在までを振り返って、国と地方の財政当局が厳しく対立した事項を中心に、そこでどのような論理をめぐって、地方財政計画の規模や地方交付税のあり方が検討されてきたかを見てきた。ある種の駆け引きが繰り返され、毎年度の予算折衝では、国と地方の財源配分をめぐる闘争が行われる。ときにはだまし討ちのようなかたちで仕掛けるときもある。一定のルールに基づいているようにみえる反面、仁義なき闘いといってもよいほどの局面もある。

国と地方の財政当局の対立は、経済不況による税収減など財政状況が厳しい時期ほど激しくなる傾向がある。国の財政は、昭和40年代の初めに建設公債の発行を本格的に開始し、昭和50年代の初めに赤字国債の常時発行を余儀なくされ、その後、バブル経済で財政状況が好転したのも束の間、バブル崩壊以降はとめどもない財政悪化に陥っている。そうした国の財政状況の変化による影響を、地方財政は必然的に受けてきた。地方財政が本来の制度運営から離れた一時的な借入措置等に頼らざるをえないという意味で堕落してきたのは、国の財政運営の堕落に付き合わざるをえないからである。毎年度の予算折衝のなかで、近年の財源不足を補う手法である折半ルールという名称が象徴的に表しているように、巨額の歳入不足という厳しい財政状況に対して、国と地方の折半という落としどころとして、どうすれば痛み分けの結果となるかを見いだすことが、地方財政対策の決着の姿であるといってよい。

国と地方の財政は、内国統治の要を握るという意味で、一体的なものでなければならない。国民の権利を保障し、国民生活を守ることは当然の責務である。毎年の予算編成をめぐる検討のなかで、当初の段階では秩序を崩すような大胆な方向が打ち出されたとしても、地方財政措置において最終的には無茶も無理もできない。地方財政の制度運営に一定の配慮が必要とされる。したがって、国と地方の財政当局は厳しく対立するようにみえても、決着をみればどこか握っているとの印象を受ける。

もっとも、握っているとは、官僚が国民の利害と関係のないところで妥協を重ねていると受けとれば悪い意味となるが、法的な枠組みのなかで可能な調整を行い、さまざまに考慮すべき要素を念頭に置いたうえでバランスを取っているということならば、けっして悪い意味ではない。現在のように、特に国家財政が圧倒的な財源不足のなかでは、国と地方の財政当局がどのように協議しても、できることは限られている。それでも毎年度の予算折衝のなかで、ときには筋の悪い議論で生産的でない論争であっても、どちらかが仕掛けてくれば、相手側は逃げることはできず、それにつきあって協議をして筋を通していく以外に選択肢はない。印象として、近年になるほど国と地方の財政当局のせめぎ合いは、あまり建設的でない部分で展開する程度が大きくなっているようにみえる。そこに大きな問題がある。

現在の地方財政制度が形成される過程を振り返ったときに、わが国で独自に生み出された財政調整制度である地方分与税を廃止して、シャウプ勧告によって地方財政平衡交付金が導入されたものの、それがうまく機能しなかったことで、地方交付税に改組されたという道筋になる。そしてその制度運営の過程のなかで、地方財政計画を積み上げる手法が確立され、基準財政需要額の算定等を通じて配分される手法も次第にかたちを変えながら定着してきた。

一般論として地方財政調整制度は不可欠であるが、地方交付税という仕組みだけが唯一の手段ではない。事務配分に対する財源を保障する仕組みは必要だが、地方分与税であってもそれに該当しないわけではない。しかしながら、歴史的経緯として捉えたときに、精緻に財政需要を測定して不足分を調整するという仕組みがいったん導入され、それが半世紀以上にもわたって運営され定着した以上、それを崩して後戻りし、精緻な制度をあえて廃止して、粗い制度に代えることはできない。歴史は経路依存性に縛られる。たとえば、義務付けの見直しがドラスティックに進むなど、事務配分に関する法的な枠組みが大きく変わり、地方交付税の算定において精緻に積み上げる蓋然性がなくなるなどといった外的条件の変化があれば、精緻な制度が不要となる状況も想定される。そうでもない限り、精緻にできるにもかかわらず、あえて粗く財政調整を行うことが、一般国民に受け入れられ政治的に可能になるとは考えられない。わが国は歳出ベースの地方財政のＧＤＰ比が大きいという意味で、地方への事務配分が比較的多い国である。それを可能としてきたのが、精緻な財政調整制度である地方交付税であった。その点から見ても、地方交付税の抜本改正は考えにくい。

財政調整機能はよいが、財源保障機能は廃止すべきであるという議論があるが、政策提言としてはそれほど意味があるとはいえない。あるべき論としてではなく、現行制度の機能を吟味すれば、両者を分けて議論することには、技術論として意味がない。シャウプ勧告にはなかった留保財源が設けられたことで、そもそも地方交付税は財源保障機能があるといえども、基準財政需要額にカウントされるという意味で厳密に保障されるのは、地方財政法第10条の2にあるように国庫負担金事業のいわゆる裏負担部分のみである。またそれすら、全額を基準財政需要額に算入すると限っているわけではない。次章で再論するが、基準財政需要額は標準的経費であるという理解は正確ではなく、留保財源分も含めて標準的行政水準を保障していることに照らすと、地方交付税で厳密な意味で財源保障がされているのは、標準的行政水準の一部でしかない。その意味で、財源調整機能と財政調整機能が一体なものとして、最初から制度設計されている。

地方交付税は、総額を国税とリンクしたことで、地方分与税と地方財政平衡交付金のハイブリッドとなった。地方交付税の財源が不足している状態では地方財政平衡交付金の性格が強くなり、例外的に税収が伸長して財源が比較的豊富なときには地方分与税の性格が強くなる。そのことを担保しているのは、運用として地方財政計画の歳出と歳入を一致させるということである。ただし、それは国と地方の財政当局が、内国統治の要の部分を担うという意味で、協力して支えてきたことの成果である。地方交付税制度の課題は、客観的な財政需要の測定をどうするかという技術的なものもさることながら、地方が財源を国に頼りすぎて、独自に財源を探すことに消極的になりがちなことへの対処がある。超過課税や法定外税の試みはもっと広がってもよい。団体ごとの財政逼迫の程度に応じて、それらの実施を強く促す必要はある。しかし、地方交付税制度が果たしてきた役割を正当に評価すれば、財源面で国依存となりすぎるといった課題は、全体の効用を打ち消してなお余りあるといえるほど致命的なものとは考えにくい。

精緻な財政調整制度として導入された地方財政平衡交付金は、占領下という特殊な環境のなかでこそ実現した制度であるといえる。平時に導入しようとしても、あまりにも技術的な課題が多く、頓挫する懸念が大きい。シャウプ勧告の地方財政平衡交付金の内容は、厳しくいえば机上の理論であって無理があった。しかしながら、地方交付税に改組することで曲がりなりにも機能し、制度として定着してきた。その歴史の経路依存性に鑑みて、さらに本章で見てきた国の財政状況が地方交付税制度の運営に影響を常に及ぼすという宿命を受け止めたうえで、地方交付税のあり方が検討されるべきである。現代のような「改革」がもてはやされる大衆民主主義の勢いに押されがちな時代的雰囲気にあって、統治の仕組みを破壊する誘惑は抗しがたいものがあるとしても、現実的な制度運営の選択肢の幅には自ずと限界がある。

# 第2章 地方交付税 その成り立ちと機能

## 1 地方交付税制度の誤解を生む原因

地方交付税法は、地方財政平衡交付金法の一部改正というかたちで成立している。地方財政平衡交付金の発足は、昭和24年のシャウプ勧告を受けた25年度であり、わずか4年間の運用のなかで29年度に改組されている。地方財政平衡交付金は、理念的には優れた制度であったが、財源確保に苦労をしたので、総額を国税収入に対する一定割合とする制度に変更されたと説明されることが多い。

しかし、その説明では大きな疑問が2つ残る。1つは、地方財政平衡交付金法の一部改正というかたちに、なぜこだわったのかということである。前章で述べたように、それは地方財政平衡交付金制度がもつ財源保障機能を否定したくなかったからである。その場合の財源保障機能は、地方財政計画の歳出と歳入が一致することを意味する。

もう1つは、地方交付税法に改正されたことで、地方交付税の総額確保に苦労しなくなったという解釈に対する疑問である。地方財政平衡交付金法であろうと、地方交付税法であろうと、当時の大蔵省は国債に依存しない財政運営のなかで、地方財政関係経費を安易に拡大する状況ではない。地方財政平衡交付金の場合には総額を、地方交付税の場合には一定割合であるところの法定率をいかに引き上げるかに向けて、大蔵省と自治庁とのパワーゲームを繰り広げざるをえない。地方交付税にすることで、総額確保を毎年度ゼロベースで検討する必要はなくなったことの効用はあるが、法定率を引き上げる苦労がなくなったわけではない。実際に、昭和40年代には、法定率を引き上げたものの、大蔵省は引き上げすぎたと後悔したのか、地方交付税財源の全額を当該年度に交付しないことを予算折衝で持ち出している。すなわち、地方交付税への改組で、予算折衝のエネルギーは節約できたが、総額確保をめぐる闘いは基本的に変わらないとみるべきである。あえて、制度発足当時に比べて、総額確保がしやすくなった理由をあげるとすれば、それは持続的な経済成長による堅調な税収の伸張にその理由を求めることができる。

制度は、歴史的経緯を経て形成されていく。年を重ねるなかで、運用ルールが確立されていく。中長期ではそれを変えようとする動きがあり、少しずつ制度は変更されていくが、そこに一貫した文脈のようなものが形成される。その結果、法律に記述されている内容から受ける印象と、実際の運営が微妙にずれることもあるが、内閣法制局による解釈やそれに基づく国会答弁によって、法解釈や考え方が固まってくる。白紙から制度を設計することは可能であるが、それが思うような運用がされるとは限らない。

地方財政制度のような、国の財政当局との間で強烈なパワーゲームが展開される制度ではなおさらである。抜本改革などと軽々に口にすべきではない。秩序が崩壊しても誰も喜ばないからである。かつて民主党政権の事業仕分けでは、ときに文脈を踏まえない論調で地方交付税が断罪された。その尻拭いのために官僚は徒労感に満ちた仕事をせざるを得なかった。そのことに対して、官僚は既得権益を守ると評するのはあまりにも酷である。

小泉内閣の経済財政諮問会議や、民主党政権の一連の仕分けでは、地方交付税は常に批判の対象となってきた。筆者のみるところ、それらの多くは誤解に基づく批判である。裏返せば、正確な制度理解が浸透していないということである。それ自体は大きな問題である。本章では、誤解を生む原因を制度運営の歴史的経緯に求めている。

## 2　地方財政平衡交付金の成立

### 戦前の地方分与税の成立

地方交付税は、占領下で実現した地方財政平衡交付金制度を前身としている。地方財政平衡交付金のような精緻な地方財政調整制度は、財政需要の捕捉に関する技術的な課題が多く、占領下であってシャウプ勧告の内容を勧告に沿って実施する以外に選択肢がないという特別な状況でなければ、けっして成立することはなかったと考えられる。今日、地方財政平衡交付金を引き継ぎ、マクロとミクロの財政需要の捕捉の部分で特に複雑であって、世界に類のない制度と呼ばれるのはそのためである。

それと同時に、シャウプ勧告が構想した地方財政平衡交付金にはいくつかの致命的な欠陥があり、それを克服しなければ運用できない仕組みであった。総額を国税収入の一定割合とする地方交付税への改組も解決方法の1つであった。そうしたことが可能であったのは、前史としてわが国独自の仕組みとして、包括的な財政調整制度である地方分与税が、戦中というこれまた特殊な状況で成立していたことがある。その経験が、地方交付税への改組とその後の運用の際には生きてくる。また、そのことが、本章で強調している、地方交付税の条文から受ける印象と実際の運用が食い違い、それが制度理解を難しくし、ひいては無用な中傷を受ける遠因となっていることも忘れてはならない。

昭和11年の2・26事件の後に発足した廣田弘毅内閣では、馬場鍈一大蔵大臣・潮恵之輔内務大臣による国税・地方税を通じた税制整理が進められようとしたが実現しなかったこともあり、内務省のなかで地方税改革と同時に、地方財政の窮乏と不均衡の解消のために財政調整のための交付金が必要という考え方が高まっていた。その後、昭和14年に設置された税制調査会答申を受けて、15年度にようやく国・地方を通じた大幅な税制改革が実現するとともに、本格的な財政調整制度として、それまでの臨時町村財政補給金に代わって地方分与税が導入されている。

地方分与税は、還付税と配付税からなり、前者は国税である三収益税（地租・家屋税・営業税）を徴収地に還元するものであり、配付税は所得税・法人税・遊興飲食税・入場税の一部を、人口や財政力の違いを勘案して財政調整的に再配分するものである。戦後、昭和23年に還付税が地方税に移管されて廃止されたことで地方配付税と呼ばれるようになり、それが地方財政平衡交付金と代替されることとなった。地方分与税が必要とされた背景には、農村地域の著しい財政困窮があった。内務官僚である三好重夫氏は、昭和恐慌による農村の疲弊を赴任地である岩手県で経験し、昭和６年に「地方財政調整交付金制度の提唱」を『自治研究』に発表し、昭和12年には『地方財政及税制の改革』（良書普及会）を出版している。

財政調整制度は、事務配分にふさわしい財源を確保することが目的であるが、戦前においてもっとも大きな財政需要は義務教育であった。大正10年の全国町村会の発足につながったのは、三重県の七保村（現在の大紀町）の村長が義務教育費国庫負担金制度の確立を求めて、全国の町村長に呼びかけたことがあり、それほどまでに市町村財政は義務教育によって困窮したとされる。その時期には、市町村の財源確保のために、国庫負担金制度を導入するか、地租と営業税を地方に委譲である両税委譲を実施するかが、２大政党のなかで選挙の争点となったこともあった。

## シャウプ勧告と地方財政平衡交付金

地方配付税は、昭和24年度予算では、ドッジ・ラインによる超均衡予算のなかで、配付税率が半減されるという悲劇に見舞われる。その際につくられた地方財政計画における不合理な歳出の見積もりが、昭和29年度の地方交付税の発足後も尾を引くこととなった。

昭和24年9月のシャウプ勧告では、地方税総額の充実と同時に、地方財政の財政調整を強化するために一般平衡交付金制度の創設などがうたわれている。そこでは、財政需要を見積もって、収入との差額を交付するという驚くべき制度が構想された。財政調整制度としては画期的な内容である。シャウプ勧告が従前の地方配付税に批判的であったのは、国税収入の一定割合とすることで総額が変動することと、昭和24年度のように国家財政の都合で一方的に税率が変更されることで、地方の財政需要を的確に反映しないという判断からである。

シャウプ勧告後、限られた時間のなかで、法案作成のために連合国軍総司令部との間で制度設計にかかる細部の調整についての検討が進められた。そこでは、名称を地方財政平衡交付金とし、基準財政需要額と基準財政収入額と呼ぶとするとともに、勧告にはなかったいわゆる留保財源（当時は標準税率の30％）と地方交付税法では特別交付税となる特別交付金を盛り込んだことである。いずれも、財政需要の捕捉に伴って技術的な理由から必要となるものである。総司令部との折衝のなかで、当時の地方自治庁は、総額決定に関してシャウプ勧告がイメージしているような、個別団体の交付所要額を積み上げて総額とすることは不可能であることを伝えている（『地方自治百年史』第2巻、324－326頁）。しかしながら、地方財政平衡交付金法は、シャウプ勧告のように、ミクロの積み上げで総額を決定するイメージで条文が書かれている。それにもかかわらず、実際の制度運営では地方財政計画によって総額を決定している。またそのことは、そっくり地方交付税法にも持ち越されている。そこに大きなポイントがある。

シャウプ勧告にはなかった留保財源を設けたことや単位費用、数値の補正といった精緻な算定方法に対して、第2次勧告のために再来日したシャウプ氏は強い異論を唱えなかったものの、シャウプ勧告当時、シャウプ氏との連絡役を務めていた立田清士氏は、財政均衡化の徹底のためには、留保財源率が高すぎるという印象をもったと述べている。それに対して、当時、折衝にあたった地方自治庁の幹部であった荻田保氏は、基準税率を70％とすることを自身が強く主張したが、その背景には地方配付税以来の経験からくる知識に裏付けられたものがあるとしており、連合国軍総司令部も、その点については特に強い反対はなかったと証言している。このように、ミクロの算定では、日本側の経験がものをいった格好になった。

当時の地方自治庁の幹部は、シャウプ使節団に対して、十分な接触がなく、連邦制であるアメリカとの違いをはじめ、地方財政の実情について説明ができなかったことを後年度になって悔いている。大蔵省は英語の堪能なスタッフを多く配して意思疎通を図っていたのに対して、内務省では海外駐在制度もなく、英語ができる事務官はほとんどおらず、占領統治下では旧内務省は省自体が戦犯扱いであったので連絡役の設置も適わなかったという背景もあった。地方自治庁の当時の幹部のひとりであった奥野誠亮氏（後の事務次官、衆議院議員、文部大臣）は、地方財政に関する説明資料を、大蔵省を通じてシャウプ使節団に届けていたことで、地方財政についても大蔵省が所管しているような誤解を与えたのではないかと、後年度になって悔いている（シャウプ使節団による第2次勧告ではその反省を踏まえた対応がなされた）。そこでも大蔵省との間での微妙な綱引きがある。内務省解体ということ自体、大きなバランス・オブ・パワーの変化であり、その直後であることで、連合国軍総司令部やその招きで来日したシャウプ使節団との間で、地方自治庁は距離感をなおさらのように感じていたとしても不思議ではない。

ともあれ、財政需要を見積もってそれを保障するという財源保障機能をもった制度として、地方財政平衡交付金制度が導入されたことは、地方自治における世界史的にも画期的な意味をもつものであった。そのような精緻な、またそれゆえに技術的に難しい制度が、導入されたのは占領統治というきわめて特殊な事情ゆえだけでなく、世界に例のない財政調整制度を現実に運営できたのは、内務省解体の失意に押しつぶされることのなかった日本側の努力であって、そこでは戦前の地方分与税の経験も生きた。それに対して、制度開始直後から危惧されたように、総額確保は容易ではなかった。

## 3　地方交付税への改組の過程で

### 地方交付税への改組

連合国軍総司令部による占領統治が終了するのは昭和27年であり、前年の26年にはすでに占領政策の緩和の方針が定められたこともあって、その頃から義務教育費国庫負担金の復活など財政制度の見直しが進むなか、昭和29年、地方財政平衡交付金はわずか4年で、地方交付税に改組されている。地方財政平衡交付金では、その総額決定をめぐって、大蔵省と自治庁（地方自治庁はシャウプ勧告に沿って設置された地方財政委員会と統合されて昭和27年8月から自治庁に）の対立は決定的なものとなった。その背景には、昭和24年度のドッジ・ラインによる無理な地方財政計画の圧縮を、その後も引き継いだことがある。当時、地方財政計画の歳出は、前年度の数字を基礎に新年度の制度改正等の要素を盛り込むかたちで決定されていたので、過去の大幅圧縮は後年度に強く影響した。

シャウプ勧告では、国と地方の財政問題を処理する常設機関を内閣に設け、地方団体の利益を十分代表するように構成することを求め、それに基づいて設置されたのが、後に自治庁設置とともに廃止された地方財政委員会である。シャウプ勧告の理念に沿う限り、同委員会は政府のなかにあって独立性が高く、地方の利益を護る強力な機関であって、同委員会が認めた地方財政平衡交付金の所要額は、基本的にそのまま予算措置されるべきとなる。シャウプ勧告が理想論であって、現実から遠いと指摘される理由のうち最大のものがそれである。

大蔵省と自治庁との厳しい対立を避けるために、地方配付税のように国税収入の一定割合を基礎とする方式に戻りたいという雰囲気は、双方に一致するところであったとされる。そこで、税制調査会と地方制度調査会の両方が、総額を国税にリンクする方式への転換を答申することとなる。ただし、それでは予算折衝のベースができるという意味はあっても、総額を拡大するか抑制するかの考え方の違いは埋められていない。大蔵省は、法定率を引き上げるつもりはなかったが、自治庁はそれを引き上げることが前提であった。このように、地方財政に関する決め事において、国の財政当局との思惑の違いを飲み込んだうえで、制度を設計したり、法律の条文なり閣議決定などの合意文章を修文したりする手法は、現在も踏襲されている政府内における合意方法である。

総額を国税収入にリンクするという意味では地方配付税に近く、ミクロの財源保障をするという意味では地方財政平衡交付金を継承するようにしたことで、両者のハイブリッドとなるが、そのことは地方交付税の運用を難しくする。なぜなら、

①総額決定において国税にリンクする
②基準財政需要額と基準財政収入額の差額に基づき普通交付税を交付する

という場合に、②から導かれる所要額は、①に基づく額に一致するとは限らないという問題を内包す

るからである。そこで①による財源が著しく不足する場合には、地方交付税法６条の３第２項の規定によって、地方行財政制度の改正または法定率の見直しによって確保されることとされ、その結果、地方財政平衡交付金と地方交付税の総額決定における地方財源保障は、これを毎年度行うか、趨勢をみて中長期的に行うかの差異にあるという解釈が伝統的にされてきた。

ところが、その解釈も次の２つの意味で実態とは大きく異なっている。法定率の引き上げは、昭和41年度に32％になってからは、社会保障・税一体改革における税制抜本改革まで50年近く、事実上、据え置かれたことと、地方財政計画の歳入が歳出を下回る状況は、地方交付税法の条文のうえでは想定されているが、次節で述べるように運用上は前提とされていないことである。

なお、地方財政平衡交付金の決定方式は、地方からみて依存財源であるという印象を強く与えたという反省があり、地方交付税において国税リンク方式に戻したことで、間接課徴形態の地方税としての広い意味での地方税であるという見方がされている。その点を強調するときによくいわれるのが、一般会計経由ではなく交付税特別会計に直入するといういわゆる地方交付税直入論である。

地方交付税に改組することと、地方財政計画の歳出が充実し、それにともなって法定率を引き上げることは必ずしも直結しない。地方財政計画の充実が可能であったのは、自治庁の財源獲得努力が功を奏したことは前提であるが、まずもって地方自治体の歳出ニーズが客観的に見て十分あり、昭和20年代後半の財政措置がそれに対応していないことと、30年代からの高度経済成長のなかで国税が伸張し、国の財政運営が国債に依存しないなかでなお地方交付税を充実するだけの余力が徐々に生み出されたことがある。

地方財政計画の原型は昭和21年に遡ることができるとされる。その背景には、連合国軍総司令部の地方財政に対する監視を強めることへの対応の必要性があった。昭和25年の地方財政平衡交付金法で、法律上の性格が付与されたが、そもそも地方財源を総額として確保するためには財政需要の存在を証明する必要があり、そのために地方財政計画は不可欠のものである。

## 年度間調整をめぐって

地方交付税は、景気変動がもたらす年度間の財源の変動に弱い体質がある。好況時には国税収入が伸びて交付税財源も伸張するが、地方税も伸びるので、地方交付税の必要額が圧縮され、不況期には逆のことが起きる。好況期に交付税財源に余剰ができて、不況期に不足が出ることに対して年度間調整を行うかどうかが、制度の黎明期にも課題となった。

税制調査会は渡しきりのイメージで年度間調整を否定し、地方税制度調査会は特別会計における積立、借入制度をとって年度間の財政調整を行うべきとした。大蔵省が、特別会計での借入を嫌ったのは、特別会計といえども借入に依存しない財政運営という原則が崩れることを嫌ったことと、地方財政の現状では積立ができずに借入だけになることを懸念したなどの理由からとされる。

年度間調整の代わりに設けられたのが、地方交付税法６条の３第２項による、財源が不足したときに法定率の見直す規定である。そして、財源の余剰が発生し、普通交付税の総額が財源不足の超過額を上回るときには、当該超過額を特別交付税の総額に加算して交付したうえで、個別の地方自治体においてそれに相当する額を積み立てるか、地方債の償還財源に充当する等の措置をとるべきことを、地方財政法第４条の３に書き込んでいる。それが、発足直後の昭和29年５月31日の改正である。ただし、この規定は該当する状況がほとんどないことから実効性に乏しいとして、昭和35年に現在の条文に改正された。なお、地方交付税法６条の３第２項の規定に関して、大蔵省はそれを根拠に法定率を引き上げることを拒否する姿勢を崩さず、地方交付税は法定率分の範囲で十分であるとする「あてがいぶち」論を展開する。

もっとも、その後、法定率が昭和41年度に32％に引き上げられた後の40年代や、昭和から平成へのバブル期には、地方交付税の財源が余剰気味と見立てた大蔵省は、一転して年度間調整として、法定率分の一部を先送りすることを求めるようになる。財源不足の局面と余剰の局面では、論理が変わることも重要なポイントである。昭和50年代以降、バブル期を除いて、財源不足がさらに深刻な状況になると、法定率の引き上げの代わりに交付税特別会計の借入や近年では臨時財政対策債などの弥縫策が表に出てくることになる。

## 地方分与税への回帰は拒否

地方交付税へ改組した際に、財源保障機能を残すことへのこだわりから地方財政平衡交付金法の一部改正としたが、むしろ戦前の地方分与税のかたちに戻すべきという意見を、旧内務省ＯＢである三好重夫氏が、地方制度調査会で力説したとされ、答申案をまとめる際にも、現役の自治庁の担当者と意見が食い違った。

その点について、奥野誠亮氏は「個々の地方団体の財政運営について、国は指導的役割を果たすべきだ。こういう気持ちを非常に強くもっていたので、やはり配分を通じて、国において意図しているところを各市町村において知ってもらおうという考え方がありましたから固執しました」「近代的地方自治が発展しつつあると思う。昔に戻せば地方自治は伸びて行くかもしれないが、そういうことでは国民は納得しない時代になってきている。今のほうが近代地方自治を育てるためにプラスになってくるのじゃないかと思っております」（荻田保・奥野誠亮・柴田護・佐々木喜久治「座談会　地方財政制度確立期を顧みて」『地方財務』１９６６年7月号）と述べている。

そこに当時の自治庁幹部による自治と統治のバランス感覚が表れている。あるいは、粗い財政調整制度である地方分与税しか経験していないならばともかく、4年間とはいえ、精緻な財政調整制度である地方財政平衡交付金を一度経験してしまうと、もう元には戻れないという不可逆性もここでは重要なポイントである。

## 4　地方財政計画の収支の均衡をめぐって

地方交付税法では、地方財政計画の歳出と歳入が同額であることは前提ではない。第７条に地方財政計画に関する規定があるが、それと総額は、毎年度はリンクしていないので、歳出の方が歳入よりも大きな地方財政計画となる年度があることが想定されている。しかし、運用のうえで、毎年度、歳出と歳入は一致させていた。その場合、歳出にあわせて歳入を調整するか、歳入にあわせて歳出を調整するかによって、財政運営は大きく変わってくるものの、昭和20年代の地方財政運営は後者であって、その結果、財政再建団体が続出することとなった。また、バブル期に地方財政計画の歳出を伸ばそうと努力したごく例外的な時期も、後者である。一方、法定率を引き上げることは、前者であることを意味する。歴史的には、それに該当する時期は、昭和41年度などごくわずかである。そこでは「出ずるを量りて入るを制す」、という財政運営の基本が成立している。昭和50年代の石油危機以降の財政運営で、バブル期を除いた最近までの時期は、歳出にあわせて歳入を決めているという意味では前者であるが、歳入は交付税特別会計の借入金や臨時財政対策債、あるいは赤字国債を財源とした加算など借金で賄っているので、「出ずるを量るも入るを制さず」という変則的な財政運営にとどまっている。制度発足以来の歴史的のなかで、入るを制する年度がむしろ例外的であって、入るを制さずの年度がもっとも多いという惨状である。

それでは、なぜ、地方交付税法の規定にかかわらず、歳出と歳入を同額にするという運用が定着したのか。それは第1章で述べたように、歴史的偶然ともいうべきものである。地方交付税制度が導入された2年目にあたる昭和30年度の予算編成では、自治庁財政課長の柴田護氏（後の事務次官）を筆頭に関係者は、ドッジ・ライン以来、不当に圧縮されてきた地方財政計画の歳出を伸長させ、地方財源の充実を図ることをめざした。初年度の昭和29年度の地方財政計画は、地方交付税法の公布が昭和29年5月であったこともあって、地方財政平衡交付金時代の地方財政計画を引き継いだものである。その年度の法定率は、地方財政平衡交付金の額にあわせて決められたために端数のある数値となり、翌年度から切り上げた数値として20%とされた。

昭和30年度には、早くもそれを引き上げようとしたのである。裏を返せば、それほど逼迫していたのである。ところが、昭和30年度の予算編成では、柴田氏の回顧録によれば、大蔵省がだまし討ちといってもよいほどの手段で、法定率の引き上げを阻んだ。そこで、柴田氏は歳出が歳入よりも大きい穴あき地方財政計画を策定することとした。マスコミはそれを受けて、穴あき地方財政計画は国が地方を軽んじているとともに、地方財政計画との整合性を欠くことで、国の予算の正当性に自ら否定するものであると報じた。大蔵省にとっては、それは耐えがたいことである。かくして地方財政計画の歳出と歳入は一致させることとなった。いい換えれば、地方交付税制度のマクロの財源保障機能は誰も否定できなくなったのである。国が地方に事務配分をしている以上、それにふさわしい財源が確保できないことを国自らが認める地方財政計画は、策定できないということである。つまり、地方財政計画をつくって、地方の財政需要の見積もりを公表するということを始めた以上、歳出と歳入を同額にすることとは、宿命ということになる。ここにも歴史の偶然と経路依存性がある。

ちなみに、穴あき地方財政計画について、旧自治省関係者が対談で残した部分を拾うと次のような発言を残している。柴田護氏は『自治の流れのなかで』（ぎょうせい、１６９頁）では、穴あき地方財政計画の新聞報道に対して、「大蔵省からは、とんでもないことをしてくれたとばかりに激しい電話がくる。誰がとんでもないことをしたんだと開き直る。喧嘩の再現である」と述べている。

ところが、荻田保氏は「（昭和30年度の地方交付税法が最初に運用された年度に）１４０億かな、穴があいた。そういう案をつくったら、大蔵省が地方財政計画は平衡交付金を運用するために作るのであつて、平衡交付金が交付税になつた以上は、そんな必要はないんじゃないかという。法律上は作成義務がちゃんと残つている。それじゃつくることは必要かもしれないが、収支合つている必要はないと大蔵省が言つたのだ。／それでそのまま出した。１４０億穴のあいたまま。閣議で。来年１４０億穴が空きますということを言えるかというのでお下げ渡しになつて」（荻田保・奥野誠亮・柴田護・佐々木喜久治「座談会地方財政制度確立期を顧みて」『地方財務』、１９６６年７月号）と発言している。

一方、柴田課長のもとで課長補佐をしていた首藤堯氏は、「(柴田課長が腹を決めて) 閣議に赤字財政計画を出したわけです。これは考えてみればとんでもない話でしてね。政府の一員ですから、「地方財政は赤字でございます」という計画を閣議に出して通るはずがないわけです。141億円の赤字だと言って出したんです。そしたら、「こんなのでは国会対応ができないから、何とか考え直せ」と閣議で早速怒られました。そこで、単独事業で要るカネを141億円バッサリ削って、つじつまをあわせて出したわけです。当時の新聞には「地方財政の怪/141億の赤字一夜にして消ゆ」と出たんですがね。非常に思い切った手を柴田さんが打たれたんです。/出した後のことをいまでも鮮明に思い出すんですが、大蔵省がまだ四谷の小学区にあり、担当の主計官が鳩山威一郎さんでした。「赤字地方財政計画を出したことについて、おまえ謝ってこい」と柴田財政課長から言われまして、鳩山さんのところに謝りに行ったんです。鳩山さんも状況をよく知っていますから、ニコニコされていましたが、当時、裸電球の下で「大変なことをやってくれたな」と言われたのを思い出します。その赤字計画を出して、とにかく当初議会は終わったわけですが、そのことが11月に地方財政のための臨時国会を開く端緒になったのだろうと思います」(本間義人「証言地方自治　第11回首藤堯氏」『地方財務』1993年2月号)と述べている。大蔵省が仕掛けてきた地方交付税の増額を阻止する動きを、確信犯ではねのけて、一泡吹かせたというところであろう。内務省解体の後、無残に打ち砕かれた旧内務省が、戦後10年の雌伏の時を経て、その存在感を示した一瞬といえなくもない。

## 5　条文構成と実際の運用の関係

### 条文から受ける印象

地方交付税の総額と配分に関する条文は次のようになっている。

（交付税の総額）
第6条　所得税及び酒税の収入額のそれぞれ100分の32、法人税の収入額の100分の34、消費税の収入額の100分の22・3、たばこ税の収入額の100分の25並びに地方法人税の収入額をもつて交付税とする。
2　（略）

（交付税の種類等）
第6条の2　交付税の種類は、普通交付税及び特別交付税とする。
2　（略）
3　（略）

（特別交付税の額の変更等）

第6条の3　毎年度分として交付すべき普通交付税の総額が第10条第2項本文の規定によつて各地方団体について算定した額の合算額をこえる場合においては、当該超過額は、当該年度の特別交付税の総額に加算するものとする。

2　毎年度分として交付すべき普通交付税の総額が引き続き第10条第2項本文の規定によつて各地方団体について算定した額の合算額と著しく異なることとなつた場合においては、地方財政若しくは地方行政に係る制度の改正又は第六条第一項に定める率の変更を行うものとする。

（普通交付税の額の算定）

第10条　普通交付税は、毎年度、基準財政需要額が基準財政収入額をこえる地方団体に対して、次項に定めるところにより交付する。

2　各地方団体に対して交付すべき普通交付税の額は、当該地方団体の基準財政需要額が基準財政収入額をこえる額（以下本項中「財源不足額」という。）とする。ただし、各地方団体について算定した財源不足額の合算額が普通交付税の総額をこえる場合においては、次の式により算定した額とする。

当該地方団体の財源不足額－当該地方団体の基準財政需要額×（（財源不足額の合算額－普通交付税の総額）÷基準財政需要額が基準財政収入額をこえる地方団体の基準財政需要額の合算額）

3　（以下、略）

これを素直に読むと、次のような運用が想定されている印象を受ける。総額は、第６条の法定率の規定のように決定される。その一方で、別の条文で決まった単位費用や補正係数等にしたがって基準財政需要額と基準財政収入額が算定された結果、個々の団体の普通交付税の交付額は、第10条第２項のように算定される。その際、第10条第２項では、算定結果として財源不足が生じた場合には、基準財政需要額を割り落としための調整率を乗じた額だけ、普通交付税の交付額が減額される。それに対して、第10条の算定の結果として決まった普通交付税の交付総額が、第６条から求められる総額を下回り、余剰が生じる場合には、第６条の３第１項に基づいて特別交付税に加算され、逆に不足が著しく生じる場合には、地方財政や地方行政の制度の改正を行うか、第６条で定める法定率を引き上げることとなる。

すなわち、普通交付税の総額はミクロの算定結果を集計したものを基本とするものの、国税５税収入の法定率分等に基づく総額と突き合わせて、財源不足が生じるならば、基準財政需要額に割り落とすために調整率を乗じることが基本的な運用と読める。多くの解説書もそのように書かれている。しかしながら、もしそうならば、近年のような財源不足が大きい状況では調整率は相当大きいはずであるものの、実際の調整率は相当小さく、しかも年度によっては財源不足が生じているにもかかわらず、調整率を乗じた減額をしないで、逆に特別交付税の増額に充てるときもある。すなわち、本章で述べた歴史的経緯を踏まえて、実際の運用をどのようにしているかを念頭に置かなければ、条文の意味するところが読み取れないこととなる。

## 現実の制度運営との違い

まず、ミクロ（普通交付税の算定結果）の積み上げがマクロ（総額）ではなく、地方財政計画のマクロベースで総額を決定し、それを基準財政需要額の算定等を通じて、ミクロである個々の団体に交付額の決定というかたちで配分しているのであって、マクロで先に数値が決まっているのである。ミクロで積み上げてマクロを決めるような表現は、地方財政平衡交付金法を継承している。先述のように、連合国軍総司令部には、ミクロの積み上げで総額を決めることは不可能であることは伝えていたが、総額について国税5税収入との縛りのない地方財政平衡交付金の場合には、マクロから決めてもミクロの積み上げであっても仕上がりである地方財政計画に変わりはない。そこでマクロで総額を決める運用が定着したと考えられる。地方交付税法に改組された際に、その関係条文は改正されず、今日に至っている。総額決定は、運用上はあくまで地方財政計画で決まっている。

さらに、地方財政計画の歳出と歳入は一致させることとは、地方交付税法の条文とは関係のない運用ルールである。したがって、地方交付税の財源が法定率分で不足する場合であっても、財源措置は地方財政計画ベースで先にされているので、本来、第10条第２項の調整作業は不要なはずである。しかし、単位費用や補正係数を定めて配分する場合に、まったく過不足なく配分結果が決まることはなく、その端数調整のために調整率を乗じることとなる。したがって調整率を乗じて割り落とす金額は、当然小さいものとなり、ときにマクロの財源不足が生じているなかでも、交付税財源に余剰が出て、特別交付税に加算される年度もある。このように、調整率の大きさとマクロの財源不足は直接関係がない。ただし、当初予算ベースで算定して、調整率を乗じて割り落とした場合であっても、国が年度途中の補正予算で国税収入の増額補正をした場合には、その法定率分は、当該年度の交付税財源となる。その場合、調整率を乗じた部分は、交付税財源の増額分を充当することで、いわば復活して交付額の追加となる。これを調整戻しと呼ぶことがある。

また、国税収入の増額補正に伴う年度途中の交付税財源の増額分が、調整戻しで個々の団体に配分される額をさらに上回る場合には、条文上は第６条の３第１項の規定によって当該年度の特別交付税で交付されることとなるが、東日本大震災に対応した平成23年度の第２次補正予算の際のような特別交付税の増額が特に必要な事情がある場合を除いて、通常は、次年度の交付税財源に先送られる。ただし、その場合には、その措置に対して地方交付税の総額に関する特例法が必要となる。

その際、第６条の３第２項が定める「算定額の合算額と著しく異なる」については、マクロのレベルでいわゆる地方財政対策のなかで講じられた財源不足への対応分に読み替えられる。また、昭和29

年の制度創設時には、第6条の3第1項において、財源不足が生じたときには、特別交付税の割合を2％まで減額し、普通交付税の財源不足に充てるとされていたが、翌年にはその規定は廃止された。なお、昭和29年の地方交付税の創設時に、法改正を審議する参議院地方行財政委員会における自治庁長官の答弁では、第6条の3第2項における財源不足が生じる期間に関する「引き続き」については、2年連続してその状態であって3年目以降も続くと見込まれる場合とされ、「著しく」とは財源不足額が総額の1割以上であるとされており、その解釈は現在も変更されていない。

以上で見てきたように、地方交付税の運用は、歴史的経緯のなかで決まってくるところがあり、それゆえに誤解を招いていることは意外なほど知られていない。また、その制度運営の歴史のなかには、国の財政当局との間のさまざまな綱引きがもたらす出来事がちりばめられている。制度を白地から発想することは大切だが、それだけでは現実の問題に対処できない。歴史的連続性のなかで発想しなければならない。歴史に耐えたものにこそフィージビリティがあることを忘れてはならない。

## 基準財政需要額は標準的経費ではない

基準財政需要額は、単位費用や補正係数の作り方からしても、それを国が定めた標準的経費と解釈したくなる。しかしそれは間違いとはいえないにしても、実にミスリーディングである。そもそも、地方交付税法には、標準的な経費として基準財政需要額を算定するとは書かれていない。

地方財政制度を見渡したときに、標準的経費に該当するものは、地方財政計画の歳出（のうち不交付団体水準超経費を除いたもの）である。地方財政計画の歳出と歳入は同額であるので、一般財源ベースの地方財政計画の歳出とは、すなわち、地方財政計画の歳入のなかでの一般財源相当部分ということになる。したがって、次の算式が成り立つ（その際に特別交付税を捨象している）。

**一般財源ベースの地方財政計画の歳出（すなわち標準的経費に等しい）**
**＝地方税（都市計画税などの目的税を除く）＋地方譲与税等＋普通交付税**
**＝基準財政収入額＋留保財源＋普通交付税**
**＝基準財政需要額＋留保財源**

すなわち、標準的経費は、基準財政需要額だけではなく、留保財源が対応するものということになる。留保財源が地方自治体の独自政策の財源であって、基準財政需要額は国が定める標準的な経費の財源という、教科書等に散見される見方は正しくない。留保財源対応が基本の財政需要の代表格は、投資的経費に充当される地方債にかかる公債費である。すなわち、公債費のうち基準財政需要額に算入されるものは特に定めるという意味で例外であって、原則は留保財源である。下水道事業にかかる繰出基準は、下水道事業にかかる経費のうち下水道の使用料で回収することがふさわしくない経費を基礎に算定されているが、その全額が基準財政需要額に算入されているわけではない。一部は留保財源対応である。全額算入しない理由は、そもそも下水道はどこまで整備するかは任意の事業であることがある。義務付けの強い国民健康保険事業の繰出とはそもそも異なっている。

地方交付税法では、基準財政需要額については、特にその性格に関する説明を含んだ定義づけはされていないが、単位費用については、「道府県又は市町村ごとに、標準的条件を備えた地方団体が合理的、かつ、妥当な水準において地方行政を行う場合又は標準的な施設を維持する場合に要する経費を基準とし、補助金、負担金、手数料、使用料、分担金その他これらに類する収入及び地方税の収入のうち基準財政収入額に相当するもの以外のものを財源とすべき部分を除いて算定した各測定単位の単位当りの費用で、普通交付税の算定に用いる地方行政の種類ごとの経費の額を決定するために、測定単位の数値に乗ずべきものをいう」（一部省略）とされている。その説明を概説すると、合理的妥当な水準で行政運営を行う場合に必要な経費であって、特定財源と留保財源で対応すべき部分を除いた一般財源相当額にかかる行政分野別の単価であるということになる。

その定義に考えみると、標準的経費とは地方財政計画の歳出そのものを指しており、基準財政需要額は、普通交付税を衡平に配分するために算定上の基準であって、それ自体を標準的経費と呼ぶのは適当でない。地方交付税は財源保障機能が行き過ぎであると批判されることはあるが、それは基準財政需要額が標準的経費であるという思い込みによっているとすれば正当ではない。留保財源分も含めて標準的経費であるということは、財政力格差を留保財源分だけはあえて残すという意味であって、それに対して財源保障をしすぎであるという批判は当たらない。留保財源は、地方財政平衡交付金の創設に際して、シャウプ勧告になかったものだが、日本側の提案で導入したものである。そもそも財政需要を完全には捕捉しきれないという技術的理由から来たものだが、その性格は多様であって、地方交付税において決定的な役割を果たしている。その機能に注目しなければ、地方交付税の制度理解はできないことに注意を要する。

# 第3章　国と地方の事務配分の態様と財政調整制度

## 1　地方交付税のあり方を考える重要な論点として

先の2章では、地方交付税制度の運用にかかる諸課題を取りあげてきた。総額確保のあり方、制度の成り立ちとその性格、ミクロとマクロの関係（留保財源の機能）などが主な内容であった。そこでは、制度の成立から黎明期を経て、制度運営の基礎が固まる過程のなかで生じた多くのできごとが、現在も大きく影響していることを示した。また、多くの場合、そこには大蔵省との間のバランス・オブ・パワーの問題が垣間みえた。

本章では、さらに大きな問題意識として、国と地方の事務配分のあり方と地方交付税の性格の関係について考察を進める。これもまた、歴史的経緯のなかで積み重ねられてきたできごとに裏打ちされたものである。地方財政の基本は、国から地方への事務配分を前提として、その事務配分にふさわしい税財政のあり方を考えることである。事務配分を起点にするところが、国の財政とまったく異なる点である。

事務配分の問題は、どれだけの事務が量的に配分されているかということと同時に、そのように配分されているかも重要である。特に地方分権を進める場合には、配分されている事務に関する国の関与の強弱が重要なポイントとなる。近年では、地方分権改革が展開されるなかで、道州制などの統治機構のあり方が問われるようになっている。その問題もまた、昭和24年のシャウプ勧告とそれを受けた神戸勧告に遡ることができる。神戸正雄を会長とする地方行政調査委員会議は、昭和25年10月に「国庫補助金制度の改正に関する勧告」を行い、ついで25年12月に「行政事務再配分に関する勧告」、26年9月に「行政事務再配分に関する第2次勧告」を行っているが、その内容はほとんど実現されることはなかった。第2次勧告が行われた昭和26年9月にサンフランシスコ講和条約が調印され、27年4月に発効したことで占領統治が終了したことがその背景にあったとされることが多い。

それに対して、事務配分の切り分けを行えなかったことが痛恨事であり、神戸勧告の内容が実行されていれば、国と地方の関係は大きく変わっており、地方自治の推進という意味では大きく前進していたという評価がある。国と地方の事務配分に関する経緯が、財政調整制度である地方交付税制度のあり方とどのように関係しているかは、地方交付税制度の歴史的評価にかかる大きな問題であり、本章の目的もまたその点を検討することにある。また、それは今日の課題でいえば、地方分権改革のあり方とも密接な関係がある。

現行の地方財政制度において、建前はともかく、主役は地方交付税であって、地方税はわき役にすぎない。その主たる理由は、国と地方の共同責任の事務が一定の量、存在しており、地方財政法が規定する国と地方の負担区分の考え方の上にたつ国庫負担金が存在し、法令等による義務付けによってその執行が促されていることにある。

## 2　事務配分と負担区分の錯綜した関係

自治事務か法定受託事務かという事務の性格と、義務付け・枠付けの強弱という意味での国の関与の度合い、および財源面での国と地方の負担区分の３つに関しては、多層的関係であって、非常に複雑である。事務の性格と財源保障は単純に整理することはできない。その関係を整理してわかりやすくすべきであるという意見が根強い一方で、いまとなってはそれをめざすことは現実的ではないという見方も多い。結局のところ、その２つの違いに地方分権改革の進め方なり、地方財政制度のあり方に関する意見の相違が集約されているともいえる。前者は研究者から、後者は総務省関係者に多い意見であることも重要なポイントである。

まず、法令に基づく実施の義務付けの有無という区分がある。義務付けには、有無の区分だけではなく強弱の違いがあり、どこまで法令に基づく運用が厳密に求められているかという問題がある。また、投資的経費のように直接の執行自体は義務付けられていなくても、事実上、それが存在するものもある（小学校の建物の更新時期は定められていないが、一定水準の校舎や教育施設を整備することは求められている）。現行の地方分権改革で義務付け・枠付けの緩和が課題とされてきたが、そこでは規律密度の緩和と呼ばれるように、事務そのものの執行を任意とするというよりも、執行を前提にした際の運用の自由度の拡大である一種の規制緩和として改革が進められている。

その一方で、是正等における国の関与のあり方に関する区分では、自治事務と法定受託事務の区分がある。その区分は、平成11年に成立したいわゆる地方分権一括法において導入された。それ以前は、自治事務と機関委任事務に区分されており、機関委任事務は、国等の事務のうち普通地方公共団体の長がその執行を委任されている事務であり、国は当該事務に関して包括的な指揮監督権を持ち、是正措置要求や職務執行命令等ができるとされていた。機関委任事務にあっては、地方自治体は国の執行機関としての位置づけとなり、それがある限り、国と地方は対等協力の関係とはいいがたい。

地方分権一括法では、機関委任事務を廃止して法定受託事務とするとともに、一部は自治事務に移行させることとされた。その結果、自治事務は「地方公共団体が処理する事務のうち法定受託事務以外のもの」であって、それに対する国の関与の基本類型は、助言・勧告、資料の提出の要求、是正の要求、協議の4類型とされる一方で、法定受託事務は「国が本来果たすべき役割に係る事務であって、国においてその適正な処理を特に確保する必要があるもの」とされ、国の関与の基本類型は、助言・勧告、資料の提出の要求、同意、許可・認可・承認、指示、代執行、協議の7類型とされた。その結果、国の関与のあり方は相当程度縮小されたが、それは国と地方の関係の見直しではあるが、事務そのものの国から地方への移譲等ではなかった。また、国庫支出金が交付される補助事業であるかどうかの財源面の改革とはほとんど接点をもたなかった。それゆえに、地方分権推進委員会最終報告は、次なる課題は財源面での改革、特に国庫補助負担金のあり方および税源移譲と位置づけた。

地方分権推進委員会において参与を務めた神野直彦東京大学名誉教授は、地方分権推進委員会が中間報告を取りまとめた時点で、「国と地方、対等関係構築を」（「経済教室」『日本経済新聞』1996年4月19日）という論考のなかで、同委員会が地方分権の推進のために機関委任事務の廃止をめざすことを画期的な内容としながらも、それにとどまらず、国庫補助負担金の廃止という財源面での改革をあわせてめざすべきと強調している。その際には、国と地方の税源配分を見直し、事務と自主財源の乖離を解消すべきとしている。この論考は、地方分権一括法として結実するいわゆる第1次分権改革のなかで、事務区分の整理にとどまらず、税源移譲を含めた財源配分の整合性を一気に実現すべきという意見がありながら、その課題が、次なる改革課題とされた経緯を物語っている。ただし、その後の地方分権改革推進会議や、小泉内閣の経済財政諮問会議による三位一体改革に引き継がれたものの、財源面での改革はまったく不十分な成果に終わったことは周知のとおりである。

国と地方の負担区分の原則を定めた地方財政法は、国と地方の利害という概念によって整理しようとしている。そのような考え方に落ち着いた経緯は次節で述べるとして、現行法の枠組みでは、地方財政法第10条の4において、専ら国の利害である事務については、国庫委託金が交付され、その全額を国が負担するとされている（もっとも、国庫委託金事業について、完全に国費で賄えているかについては、実態的には異論があるところであり、一種の超過負担が生じているという見方も強い）。それに対して、地方に一部でも利害があるものは地方が負担することが原則としながらも、国と地方の双方に利害があるものについては、第10条において、円滑な運営を期するための国が進んで経費を負担する必要を認め、第10条の2と第10条の3においてその具体的な経費を規定している。それらの規定に基づく国の負担を国庫負担金と呼んでいる。

一方、専ら地方の利害であるか、国と地方の双方に利害があるかについては、その強弱も含めて連続的に分布しているものと考えられ、比較的地方の利害が薄い事務に対して、国が政策上の理由から地方自治体に執行を期待する場合に交付されるものが、地方財政法第16条に基づく国庫補助金である。

事務の性格と財源等の関係を全体としては整理することは難しいが、少なくとも国庫委託金事業は、法令等による義務付けに基づく事務であり、それが法定受託事務であることは明確である。その一方で、逆は真ならずであって、法定受託事務のすべてが国庫委託金事業ではなく、そのなかには国庫負担金事業もあるが単独事業もある。また、法定受託事務と自治事務の区分は、地方財政法における国と地方の利害には大きな意味では相関しているが、直接的な対応関係があるわけではない。一方、国庫補助金の対象となる事業は自治事務であるが、義務付けの有無とは直接関係がない。

ところで、もしも国庫補助金がないことを想定すると、比較的すっきりと論理が整理できる。すなわち、国と地方の利害の程度に応じた負担区分という原則が浮かび上がるからである。それに対して、国庫負担金がないとすると、地方に一部でも利害がある事務の負担はすべて地方が行うという原則があって、その例外として国庫補助金があるという姿になる。そのことは、地方分権改革の推進という観点で、国庫補助負担金を廃止する場合に、国庫負担金と国庫補助金のどちらを優先させるべきかという問題につながっている。それが問われたのが、後述のように、三位一体改革であったといえる。

## 3　内務省解体と地方財政法の成立、シャウプ勧告を経た改正

地方自治法の施行日は昭和22年5月3日、日本国憲法と同日である。すなわち、憲法が定めた第2次大戦後の国家の理念を実現する最重要の法律の1つが、地方自治法であった。そうしたなかで、連合国軍総司令部の強い意思によって、昭和22年末に内務省は解体される。地方財政法は、解体された旧内務省を引き継ぐ組織の1つであった地方財政委員会（1年間の暫定的な組織と位置づけられていた）において、昭和23年に起草された。国と地方の負担区分を定めた箇所は、各省の予算配分にかか

わる重要な部分だけに抵抗も予想されたが、意外なほど各省から強い反対もなく成立した。

地方財政法は、地方自治法の財務規定など地方財政に関する部分を吸収した法案として構想することも考えられたが、財政運営法の位置づけとなった。そこでは、地方債に関する規制と国と地方の負担区分の原則を定めることが主眼となった。国の財政法は前年の昭和22年に成立しており、地方債に関する規制では、財政法の非募債主義に倣う規定が盛り込まれた。

内務省が解体され、内政における調整役を果たせなくなるなかで、国と地方の負担区分の明確化を地方財政法において行う必要性は、非常に大きいという認識が地方財政委員会にはあった。当時、その起草にかかわった柴田護氏は、次に示す昭和23年の論考のなかで、地方自治体の財政健全化のため、法律において明確化しておく必要性を強調している。柴田護「地方財政とその諸問題（1）」（『自治研究』、24巻11号、1948年）は、「就中、所謂國費地方費の負擔區分の不明確という現實の姿は、地方財源を考慮しない國の恣意的行動によつて、常に地方財政に壓迫を加え、健全財政の堅持を困難ならしめ、實質上赤字債に屬する地方債の發行を餘儀なからしめると共に、税制改正によつて折角あたえられた地方の獨立財源を國からの委任事務を執行するための所要財源として費消し盡すという現象を生起せしめ、地方自治の實際は、その基調をなすべき地方財政の面において全くその自主性を缺如したものであつた。…（中略）…このような現象の存在は、結局において、地方財政における運用に關する基準法規の缺如と、國費地方費の負擔區分の不明確という二つの原因に歸せしめられる」（22-23頁）という認識の下で、それらを排除するために地方財政法の制定を行ったと述べている。

また、興味深いことに、柴田氏は前掲論文の続編にあたる「地方財政の運營とその法的規制（その1）――地方財政法を繞る諸問題（3）」（『自治研究』、25巻8号、1949年、54頁）において、委任事務と固有事務の区分と財源配分を結びつけるべきという見方に対して、事務の区分には厳密な意味ではできないことを根拠に、地方財政法による主たる利害の帰属によって判別する考え方の方が優れていると指摘している。ただし、柴田氏は、その区分もまた不十分であるとし、事務を必要事務と随意事務に区分して経費と財源の関係を整理すべきであるとしている。その背景には、ドッジ・ラインによって、昭和25年度の地方配付税の税率が半減させられたことに対して、国のそのような無理な財源措置をいかに今後、阻止していくかという強い問題意識がある。

国と地方の負担区分に関する地方財政法の規定と、その後のシャウプ勧告の考え方は大きく異なっている。昭和23年の地方財政法では、（ア）地方公共団体に課される新たな事務に対して国は完全な財源措置を行う責任を有することを明定する、（イ）個々の事務に要する経費の負担区分について、その事務の執行による利害の帰属するところに従って、国と地方の公共団体がいかに分担するかを定め、その分担の区分については法律又は政令で定めることとするとともに、国が分担することとなった部分については、正確な基礎に基づいて算定した負担金を支出時期に遅れないように地方公共団体に支出されなければならない旨を規定する、（ウ）地方財政の自主性を損ない、又は負担を地方公共団体に転嫁するような国の施策を禁じる等の規定を設ける、という原則を立てている。

それに対して、昭和24年のシャウプ勧告では、国と地方の事務配分に関して、事務の所掌が複合的である分散的なシステムであることが、どの行政責任に責任があるかを不明確にする原因であり、中央政府の地方自治への介入を招いているなどの弊害を指摘する。そのうえで、「可能な限りもしくは実行できる限り、三段階の行政機関の事務は明らかに区別して、一段階の行政機関には一つの特定の事務がもっぱら割り当てられるべきである。そうすれば、その段階の行政機関は、その事務を遂行し、かつ一般財源によってこれを賄うことについての責任を負うことになるであろう」（『シャウプ使節団日本税制報告書』第3巻付録A、「D　職務の分掌」の箇所。翻訳は、福田幸弘監修『シャウプの税制勧告』霞出版社、1965年、275頁）と指摘したうえで、今日でいう補完性の原理に則った市町村優先の原則などの事務配分の一般原則を示している。事務配分論のなかで、災害復旧に対する財政上の全責任を中央政府が負うとしている点も注目される。また、国と地方の利害に応じて補助率を定めるという地方財政法の考え方についても、それを決定する客観的な方法がないとして批判的である。シャウプ勧告が提言する事務の再配分と地方財政平衡交付金の下で、国と地方の利害に応じた負担を根拠とする国庫負担金は不要となり、奨励的な国庫補助金のみが妥当とされる。

シャウプ勧告を受けて、国と都道府県、市町村への事務再配分を具体的に検討するために設けられたのが前述の地方行政調査委員会議である。そのなかで、行政事務再配分の基本方針のなかで掲げられている国の事務とすべきものは、①国の存立のために直接必要な事務、②政策上全国的規模において総合的に行う規格に関する事務など５つをあげているが、それはたとえば、民主党政権においていわゆる一括交付金化の対象となる補助金の候補をあげる際の基準に通じるものがある。すなわち、今日的にもきわめて常識的なものである。

しかしながら、地方行政調査委員会議による神戸勧告はほとんど実施されなかった。その理由として、占領統治の終了によって徹底できなかったというニュアンスで語られることが多いなかで、それは理想形であるとしても、実現させてはいけないものであったという反論もある。旧自治省関係者のなかで、シャウプ勧告の考え方に、正面切って反論していたのは柴田氏であり、シャウプ使節団に対する感謝の気持ちが表されることは多いが、附加価値税などの税制はともかく、こと事務配分に関していえば、そこに回帰すべきという意見が旧自治省関係者のなかでは一般的ではない。

柴田氏によれば、地方財政法の負担区分論は、戦後改革における地方の事務負担の増に財源手当が十分できない状況のなかで、地方財政自主権の確立のために必要であったとしながらも、その後のドッジ・ラインによる地方財源の無理な圧縮にあってその実効性が十分でない状況を踏まえてか、「なお歸屬利益の厚薄によってその根本を律しようとする考え方に對しては、多分の疑問を有たざるを得ない」（「國と地方公共團體との財政關係（１）――地方財政法を繞る諸問題（その３）」『自治研究』(26巻5号、1950年)、45頁)としている。その理由として、利益の厚薄と負担率の関係で理論的整合性を図ることができないとしている。シャウプ勧告が負担区分理論を批判したことに対して、負担率の決定に関する考え方への疑義には賛同の意を示している。そのうえで、国と地方の負担区分のあり方に客観的な根拠を求めること自体が間違いであって、柴田前掲論文は「國費地方費の負擔區分理論の根底をなすものは、結局において、或一つの仕事に對する國と地方公共團體との責任歸屬の割合であり、要するところ、負擔區分理論の根本は、責任の負擔程度という基準によつて律せられるべく、その責任の負擔率はそれ故に、多分に且つ當然に、歴史的なものたらざるを得ないのである」としている。すなわち、国と地方が共同責任としてあたるべき事務が存在しており、負担割合はその責任度合いに求められるべきであって、その根拠に客観性は必要だが、「それが定められた當時における客觀情勢によつて多分に支配」(柴田前掲論文)されるものであると看過している。

そのうえで、柴田氏は、神戸勧告のような事務再配分が、一定程度実現して負担区分を検討する必要性が縮小する必要を認めながらも、「行政事務的に、そして又財源的に、そのような國、都道府縣、市町村の三者間の關係を完全に斷ち切つて了うことが、日本において果たして許されるであろうか」「勸告書のいう如く、殆んどの事務が、國、都道府縣及び市町村の何れかに分配せられて、相互に殆んど何ら事務上のつながりをもたないというようなことは、米國においてならいざ知らず、我が國のような貧弱な經濟力と狭い地域における地方自治のあり方として、採用することは不可能」(いずれも柴田前掲論文）と断じ、シャウプ勧告の事務配分の考え方に強い疑問を示している。

シャウプ勧告を受けて、次節で再論するように、いったんは義務教育費国庫負担金は廃止されているものの、占領統治の終了によって復活するという経緯をたどる。その間、地方財政法の国と地方の負担区分を示す規定は、地方行政調査委員会議の結論を待って再検討することとして、昭和25・26年度に限って運用が停止されていたが、国庫負担金の復活を前提として、昭和27年に地方財政法は現在の条文につながる改正がされている。地方公共団体又はその機関が行う事務に要する経費は一切当該地方団体が負担するという原則を打ち立て、その例外として、（ア）法令により実施が義務付けられている事務で、国と地方公共団体相互に利害関係のあるものにつき、国が積極的にその経費又は一部を負担するとしたもの、（イ）国民経済に適合するような総合的な計画に従って実施される公共事業、（ウ）災害救助事業や災害復旧事業については、国は経費の全部又は一部を負担するものとする一方で、（エ）まったく国の利害に関係する事務については、地方公共団体は経費を負担する義務を負わないとした。

このように、地方財政法の負担区分のあり方に関する規定は、当初、中央省庁の都合で地方財政がひっ迫することへの防御を目的とした内容としてスタートしたが、その後、シャウプ勧告はその考え方を否定し、占領統治の後、国庫負担金が復活するなかで、国と地方が共同責任の事務の存在を前提とする規定に改められた。ただし、シャウプ勧告によって地方財政平衡交付金が導入され、その後、同制度は、地方交付税に切り替えられて、紆余曲折を経たものの、昭和41年度に法定率が32％に引き上げられたことで安定的な制度となった。その結果、地方財政法の負担区分の考え方は、国が地方へ一方的に財政負担を転嫁することを防衛する意味での重要性は小さくなった。一方、国庫負担金が一定の規模になることで、地方交付税の主たる役割は、少なくとも地方交付税財源が不足している状況では、補助事業に対する地方の一般財源負担部分である裏負担分を適切に算定することに主眼が置かれ、国庫負担金事業の拡大が地方財政制度における地方交付税制度の位置づけに大きく影響することとなる。

なお、国と地方の事務の切り分けを完全に行わないとした場合に、地方分権改革の観点で、国庫支出金の一般財源化を行うにあたって、国庫負担金よりも国庫補助金の方が優先すべきだという、シャウプ勧告とは異なる考え方に結びつくことも重要である。昭和40年代になって、インフラ整備に対する要請や社会保障制度の充実に伴って財政需要が拡大した時点で、柴田氏は、補助事業の増加に応じて国の関与が拡大してきたことに対して、国と地方の財政関係の合理化のために国庫補助負担行政の合理化が必要であるとしている。その際、国庫負担金の対象事業は縮小されるべきである一方で、残された事業に対する国の負担は当然であると考える一方で、国庫補助金については一般財源へ振り替えて、少なくとも零細補助金の統合を進めるべきとしている。

また、災害復旧費の全額国庫負担制度は昭和25年4月に発足したが、その直後から、国庫依存度を高めるだけでなく地方自治体による被害の過大見積もりを招いているなどの批判が相次ぎ、26年度予算編成方針の段階で、25年度限りで見直すことが閣議決定された。地方財政調査委員会議の「国庫補助金制度の改正に関する勧告」などを経て、25年度末に公共土木施設災害復旧事業費国庫負担法が成立し、財政力に応じた国庫負担が導入されることとなった。

## 4　補助金の運用にかかる警戒すべき2つの誘因

国と地方が共同責任であたる事務が存在することを前提とする場合、当然、そのことが国の不当な関与を招き、地方自治を侵害する誘因をつくりだすことは避けがたい。国の関与のあり方や法令による義務付けなど地方自治制度上の諸課題もさることながら、地方財政の観点でも大きな問題が生じてきた。大別すると、財源的に独立させることで総合行政の基盤が破壊されることと、国が地方自治体に財政負担の転嫁を行うことである。代表的な例として、前者では義務教育費国庫負担金の復活をめぐる顛末、後者では超過負担問題をあげることができる。

### ①義務教育費国庫負担金の復活

近代の地方財政の歴史において、事務配分にふさわしい財源を確保するいわゆる財源保障の問題は、地方交付税のような財政調整制度ではなく、国庫負担金の導入から始まっており、具体的には明治期における義務教育費国庫負担制度の導入であった。明治33年の改正小学校令では授業料徴収主義を廃止して無償化したものの、それに代わる収入確保のための市町村への財政措置は十分ではなく、市町村財政のひっ迫を招いた。それに対して、義務教育費国庫負担制度の確立を求める市町村長の請願活動が展開され、大正期における全国町村会の設立につながっている。

地方財源の充実をめぐって、大正デモクラシーのなかで、地方分権に適う地方財政制度のあり方として、政友会が両税委譲を主張し、民政党が義務教育職員給与の全額国庫負担案を主張した。ようやく昭和15年になって、国・地方の税財政制度の改革のなかで、本格的な財政調整制度である地方分与税が創設されると同時に、教職員の俸給負担が市町村から県に移されて県費負担教職員制度が創設され、それまで定額であった国庫負担が、教職員給与実績の2分の1を国が負担する定率補助に移行した。戦後、義務教育が中学校までとなったことで、義務教育費国庫負担制度が拡大するとともに、昭和23年7月の改正によって、従来の実績に対するのではなく定員定額を対象として、その2分の1を負担する定員定額制に変更され、昭和24年1月から実施された。しかしながら、前述のように、昭和25年度には、シャウプ勧告によって義務教育費国庫負担金は廃止される。

その後、義務教育費確保に向けての文部省はさまざまな動きを示す。まず、昭和25年に標準義務教育の確保に関する法律の成立をめざしたが不調に終わっている。文部省は、地方財政平衡交付金創設に伴い、義務教育費国庫負担金が廃止されたことで、定員定額制下で行っていた標準教育費の設定を、地方財政委員会が替わって行うことで、教育支出が確保されないことを懸念した。そこで、地方財政平衡交付金法案の提出と同日の昭和25年1月の閣議に、義務教育の標準教育費に関する法律案を提出している。その内容は、同法案に基づく標準教育費を平衡交付金の基準財政需要額として、その額を地方団体は義務的に支出しなければならないとするとともに、文部省は地方団体の教育委員会を通じて各地方団体の標準教育費を取りまとめるとした。

地方自治庁は、同法案は、教育費の中央統制をめざしたものであって、地方財政平衡交付金の趣旨に反しており、教育費の需要だけを別算定できないなどとして、意見が大きく対立した。文部省は、名称のみ標準義務教育の確保に関する法律案に変更しただけの、同じ内容の法案を翌月2月に再度閣議に提出し、地方財政平衡交付金法とともに閣議決定された。それに対して、自治庁長官が再検討を申し入れたものの、なおも支出義務は譲れないとする文部省とそれに反対する地方自治庁の溝は埋まらず、文部省が総司令部へ働きかけをするまでに及んで紛糾が続いた。同法案は、総司令部に持ち込まれ最終的にマッカーサーから吉田茂首相への書簡において、地方財政平衡交付金の交付に条件をつけたり、使途を制限されたりしてはならないとの強い示唆が行われ、ようやく同法案の国会提出が断念された。『地方自治百年史』（第2巻、地方財務協会、１９９３年）においては、「文部省は、教育費確保の方策としては、25年2月に、地方財政平衡交付金の中で、教育費として算定したものは、少なくとも教育費として使用しなければならないという「標準義務教育費の確保に関する法律案」を提出し、閣議決定されたが、地方公共団体の自主的な財政運営を前提に創設された地方財政平衡交付金制度の根本を揺さぶることになる等の理由で強い反対があり、最終的には総司令部の承認が得られず、国会提出も見合わされ廃案となった」（292頁）とされている。

その後、総司令部の影響が薄くなった昭和27年6月には義務教育費国庫負担法が成立している。さらに、文部省は新たな義務教育費国庫負担法案を発表し、地方自治体の財政力に応じて国が国庫負担金によって最低義務教育費を確保することをめざした。それは、地方財政平衡交付金から義務教育行政に関する経費を、事実上、切り離すことを意味している。そうしたなかで、自由党が議員立法によって、義務教育費国庫負担金を提案し、そこでは定員定額制に基づいて、経費の2分の1を負担することを基本とした。それに対して、地方財政委員会は、2分の1負担とするならば、定員定額制ではなく実支出額に基づくべきとの意見を取りまとめ、自由党がそれを踏まえて修正した法案が昭和28年4月に成立している。その後、文部省は、昭和28年には義務教育職員の国家公務員化と、国による全額負担化をするための義務教育学校職員法案を国会に提出したものの廃案となっている。

昭和33年度には、公立義務教育諸学校の学級編制及び教職員定数の標準に関する法律、いわゆる標準法が施行されている。学級編制基準や教職員定数基準の低下の問題を解消するために、その前提として、同法は学級編制や教職員定数の標準を法定するものである。それに呼応して、地方交付税法の一部を改正して、標準法定数を基準財政需要額の算出の測定単位とし、教職員給与費に対する財源措置を国庫負担金と地方交付税制度によって整備する現在のかたちができあがった。

そもそも、地方財政平衡交付金なり、地方交付税の所要額が十分に確保されている限り、基準財政需要額の算定が標準的な経費を前提とすれば、所要な財源確保の観点で、国庫補助負担金の存在意義はそれほどない。もっとも、基準財政需要額が標準的な経費水準や人員等に基づいて算定されるのに対して、国庫負担金が実績に対する2分の1負担であることは、標準以上の経費水準や人員等を整備することへの経費を、国庫負担金の割合だけ軽減する効果がある。さらに重要なのは、国庫負担金の割合が小さくなるほど、不交付団体の財源保障が小さくなることで、結果的に財政調整機能をもつ。昭和28年度の義務教育費国庫負担金が復活の際には、地方財政平衡交付金の不交付団体には、政令に基づいて、国庫負担金の交付を一部制限しているが、柴田護「地方財政物語（21）」（『自治研究』、44巻12号、１９６８年）は、「不交付団体に対する制限は、純粋に財源的に考えられたものであって、専ら、財政的な妥協の産物であるということが出来るであろう」（6‐7頁）と述べている。さらに、地方交付税制度における負担区分論は、「仕事の性質から、国庫が共同事業の一翼を担うという趣旨であると理解せられるのであるから、その限りにおいては、この種の負担金について制限をおいているのは、理論的には適当ではない」（7頁）としている。

義務教育費国庫負担金の復活に対して、その当時の地方税財政制度の創設に深くかかわった奥野誠亮氏は、「補助金は地方団体から申請を出させ、各省から交付して、そのとおり使ったかどうかを見ます。決算報告も出させます。また、会計検査院も検査します。自分でやるのなら自分の予算に計上して、自分の議会で決めればそれでいいわけです。そんなムダな手続きは要りませんよ。あんなにたくさん東京まで補助金の要請にゾロゾロ出てくる必要は全くありません」（証言　地方自治⑦　奥野誠亮」『地方財務』、1992年10月号、137頁）と、代表的な補助金不要論を展開している。さらに、奥野氏は、同じインタビューのなかで、地方財政平衡交付金制度をつくったときに、行政項目ごとに基準となる財政需要額の算定を行ったことで「各省の地方団体に期待する行政のあり方に基づいて、単位当たりの費用を計算」（137頁）しておくことで基準財政需要額の算定を通じて財源は確保されるので、補助金は不要であることを強調している。

その一方で、奥野氏はシャウプ勧告当時を振り返った対談のなかで、「シャウプ勧告はもっと補助金を整理するということだったが、それを受けてわれわれの意見を求められたときに、むしろ若干後退した意見を出した。たとえば生活保護費のようなものは、なにも繰り入れてもらわんでもいい、残してもらって結構だ」（荻田保・奥野誠亮・鎌田要人「座談会　シャウプ勧告のころの思い出」『税』1965年9月号）と返答したと述べている。この奥野氏の発言は義務教育費国庫負担金の復活に際する自治庁の代表的な捉え方であり、さらに、次のような証言もある。

荻田保・奥野誠亮・柴田護・佐々木喜久治「座談会　地方財政制度確立期を顧みて」（『地方財務』、

1966年7月号）では、地方財政平衡交付金の成立時に、総司令部が生活保護や児童福祉法に基づく国庫負担金など、各省の補助金を切ってきたところ、各省が大あわてで巻き返し、総司令部のなかで有力者が担当していた社会保障関係の生活保護と保健所関係の国庫負担金が復活した経緯が紹介されている。その後、義務教育費国庫負担金が復活した際に、自治庁は強く反対したが、最終的に「昔のような義務教育費国庫負担金制度ならばどうかという話になって、われわれはもとより地方団体が自由に教員の給与額を決定するので、その2分の1を自動的に国が負担して行くならば、地方自治は何ら損なわれない、国からの干渉も受けなくて行ける、こういうものならばいいということを言い切っていた」と奥野氏は述べている。さらに、その発言につづき、奥野氏は、大蔵省が国庫負担金の復活を後押ししたために、大蔵省としては、「地方団体が給与を決定して、自動的に半分を、しかもそれに対して異議をいえないで負担だけしていかなければならない」仕組みであることから、いちばん嫌なはずの国庫負担金制度を復活せざるをえない案で押し切られたと述べている。また、その後、大蔵省は、その代償を求めるかたちで、東京や大阪の税収の少なくなる税制改正を企図し、さらに、それが義務教育費国庫負担金の不交付団体の交付制限につながっていくことを示唆している。また、井手英策・平嶋彰英「奥野誠亮氏インタビュー　戦後の地方税財政制度の構築期を振り返って（後編）」（『地方財政』2011年5月号）では、「私は課長なのに、もとのように給与は地方団体が決めて、決めた金額の半分を国がもつ昔の制度なら復活して結構ですよと言ってきたんだ。えらい失礼な話だけど、荻田さんに悪いけど、私は昔の制度ならいいよと、それは地方自治が守れるはずだよ。義務教育費国庫負担金は大きくなっていくし、これほど増収が確保される税金は地方税だってないよ。しかも国の指示が入ってこない。だから義務教育費国庫負担金が復活して結構だといっていた」と述べている。

このように、自治庁が義務教育費国庫負担金の復活に、最後まで絶対反対の姿勢を貫かなかったのは、以上のように出来高の2分の1負担ならば地方自治の侵害にはならないということと、国庫負担金と地方交付税を並立させた方が、予算確保のうえで有利だという見方があり、奥野氏もその点を肯定している。

また、柴田氏は義務教育費国庫負担金の復活について、「(義務教育費国庫負担金の復活が決定する昭和27年6月までの) 約半年間にわたるこの闘いは、地方財政担当者としては、かなり苦しい闘いであったと言える。そもそも新教育制度が発足して以来教育行政について、教育委員会の独立を図ろうとする動きは、教育関係者の間にかなり強かった。それは、GHQの関係者が、米国の学区制度やその徴収する教育税の存在を宣伝してきたことにもよるが、この指導を受けた文教当局が、義務教育関係の行財政上の独立を企てた一連の動きであったと私は考えるのである」(柴田護『自治の流れの中で』(ぎょうせい、1975年)、105-106頁) と述懐している。その背景には、教育の財政負担に伴う地方財政の困窮があり、もしも文部省が考える方向で制度が改正されていたら、都道府県の性格は一変し、地方行政は四分五裂して、地方行政制度の総合性が成り立たなくなったという考えを示している。このように、義務教育費国庫負担金制度は、地方財政制度の確立期における大きな課題であったといえる。そこでは、義務教育の提供を市町村に委ねながら、財源面でも法制面でも、文部省が地方自治体をコントロールすることで、総合行政主体としての市町村の分断を図る動きとの闘いであった。

### ②超過負担問題と摂津訴訟

補助金の運用改善にかかる問題で、国による地方自治への侵害といえる点は、補助金交付の対象事業の算定基礎が実態にあわないことによって地方自治体負担が発生するという、いわゆる超過負担である。超過負担問題は、国の財政当局が無理な査定を行い、無理な積算であるとわかりつつも主管庁が補助金を交付し、その事情を知りつつも地方自治体が交付を受けるという3つの要因からなる構造的な問題である（柴田護「地方財政の軌跡を追って（上）」（『地方財務』１９７７年10月号））。同論文では、昭和28年災害の復旧に際して国庫補助金の二重取り事件等が問題になり、それが国会に取り上げられて補助金適正化法ができているが、そこでは、地方自治体に執行の適正化を求めるだけではなく、不適正な補助金を交付する側の責任を問うことに、もっと踏み込むべきであったと述べている。その後、地方財政再建促進特別措置法の立案でも、再度、補助金の交付側の責任をただすことも考えたが、そこでは強制寄附金の規制だけに止めている。その後、地方財政の再建が進むなかで、昭和41年度予算のときに、大蔵省と共同調査を行って超過負担問題の是正に努めるようになったと説明されている。

超過負担問題が明確に認識され始めたのは昭和28年頃であったが、その改善の動きは遅れて、自治省による実態把握調査は36年度に開始され、政府関係省庁が共同の実態調査を始めたのはさらに遅く42年度であり、地方自治体が地方財政法に基づいて超過負担に関する意見書を国会と内閣に提出したのは43年度からである。超過負担問題とは、国の財政当局と中央省庁との間の予算措置の問題が中心にあり、国の予算規模が全体的に拡充しない限り、その抜本的な解決は難しい事情がある。実際に、昭和40年代を通じて、段階的に改善が進められた。

政府は、昭和47年度予算の自治・大蔵大臣折衝の席上で、地方団体からの要望を受けて、47年度に両省が共同して超過負担の実態調査を行い、その結果に基づいて所要の措置を検討することで合意した。その後、毎年度の予算編成のなかで持続的に改善が図られることとなった。昭和43年度から55年度までの解消額の累計は、事業費で９３０５億円、国費ベースでは５６１５億円である。

超過負担問題は、その時点ですべて解消したわけではなく、その後も見直しは続いている。平成25年度の地方財政予算折衝では、総務、厚生労働、財務の３省によって、難病患者への医療費助成の経費負担に関する都道府県の超過負担を、26年度予算で解消するための調整作業を進めることで合意され、社会保障改革のなかで解消されることとなった。

一連の超過負担問題の存在を世に知らしめ、大きな衝撃を与えたのが摂津訴訟である。大阪府摂津市は、大阪府知事の認可を受けて昭和44年から46年までに4箇所の保育所を設置し9273万円を支出したが、本来、建設費の2分の1が国庫負担金として交付されるべきところ、国は44年と45年に1保育所ずつに合計で250万円を負担するにとどめた。それに対して、摂津市は、昭和48年8月に東京地裁に対して、国庫負担金の請求訴訟をおこした。昭和51年12月の東京地裁判決では、国が負担金を交付するにあたり、国庫負担の対象となるべきものかを審査し、市町村が支弁した経費のうち国庫負担金算定の基礎となるべきものの範囲、客観的に是認される金額等について確定させるには、交付手続きが必要であるが、摂津市が交付申請の協議の段階における補助金適正化法上の交付申請を行っていないことを理由に、国庫負担金の支払い請求を求める摂津市の主張を退けた。ただし、摂津市に不備があったというよりも、判決文にもあるように、摂津市は事前協議・内示の段階で交付申請を妨げられていた。それにもかかわらず、国側の主張が認められている。

その一方、摂津市が補助を受けた2つの保育所について、補助率が2分の1に満たない額であることを承知で交付申請を行っているのは、国庫負担金交付の対象となった保育所について起債許可が優先的に与えられる事情があった。当時、多くの地方自治体で、超過負担によって過重な財政負担が発生していることや、人口急増都市の摂津市で保育所整備を急がざるをえない事情があることは、司法当局にも十分認識されている。「本件負担金問題を右超過負担の顕著な事例であるとして、その是正を求める控訴人（摂津市）の意図は理解するに難くない」（カッコ内は筆者）と控訴審の判決理由に書かれながら、「事前協議・内示及び交付申請についての行政指導をもつて、控訴人（摂津市）がその意思に基づいて正当な国庫負担金の交付を申請する権利の行使を妨げた違法又は著しく不当な行為ということはできない」（カッコ内は筆者）として、いわば門前払いの判断を下した。

摂津市は、東京地裁への提訴に先立って、地方財政法第20条の2の規定に基づき、内閣および国会に対して意見書を提出（昭和48年度には札幌市をはじめ9政令指定都市とその他68市町から同様の意見書が提出されている）したところ、内閣府は、超過負担問題の解消にこれまでも努めてきたところであり、今後のその改善に努力したいという趣旨の意見を提出している。訴訟そのものは、摂津市の敗訴に終わったが、その社会的インパクトは大きく、「天下を震駭させた」（石原信雄「地方税財政の系譜」vol. 4、『地方財務』１９９６年４月号、１７２頁）とされ、すでに述べた一連の超過負担解消にむけて政府に強く促した効果は大きかったと評価できる。

また、昭和51年の第75回国会の参議院予算委員会において、国庫負担金事業については経費の種目や算定基準、国の負担割合を法律又は政令で定めると地方財政法第11条で規定されながら、その要件を満たしていないものが少なくないことに対して、野党議員が関係大臣ごとに根拠法令の不備を指摘し、その改善を迫ったこともあった。そのねらいは、「このような規定の不備が国庫補助負担金にまつわる超過負担の発生原因ともなっている」（石原信雄「地方税財政の系譜」vol.7、『地方財務』1996年7月号、163頁）との主張に基づくものである。先に述べた昭和51年の地方財政法の改正は、そうした指摘を受けて、国と地方の負担区分のあり方に関連して、関連法令の不備をただす趣旨で行われている。①地方財政法第10条に定める国の負担対象経費の整理、②地方財政法以外の法律における国庫負担に関する規定の整備等、③国の補助率の特例に関する規定の削除、の3つを主な改正内容としている。

## 5　国と地方の事務配分と地方交付税の位置づけ

第3節で述べた、国と地方の負担区分をめぐる地方財政法の規定の変遷は、事務配分と地方財政制度の関係の根幹にかかわる部分である。市町村を総合行政主体として、可能な限り多くの事務を担ってもらおうとすれば、そこに国の関与がなくなることはあり得ず、国と地方の共同責任事務が存在する。

ただし、第4節で述べたように、共同責任事務の存在を認めた結果、占領統治が終われば、義務教育を分断する動きに悩まされることとなった。それは退けたものの、その後の経済社会情勢の変化のなかで、インフラ整備や社会保障制度の充実とされるにつれて、地方の事務が増えて、財政支出も拡大することによって、現実には国の関与が強くなった。その財政面での弊害の典型が超過負担問題である。共同責任事務の存在が、国が地方を圧迫する構図を生んだのであって、神戸勧告が実現しなかったことで、本来、地方分権をめざしたはずであった第2次大戦後の地方自治制度が、逆に中央集権的な制度となった原因であるという認識が広がることとなった。実際、摂津訴訟などは、今日の地方分権を是とする感覚に照らすと、国の横暴ともいえる政策判断に対して、司法が盾になっているようにはとてもみえない。文部科学省は、伝統的に教育行政については、地方自治体の総合行政からの分離独立をめざす一方で、厚生労働省は、生活保護については、逆に、国庫負担金の割合を下げようとしてきた。こちらは地方への負担転嫁がねらいとしてあり、超過負担問題に通じる。

一方、共同責任事務の存在と、それへの国の法令上の義務付けが厳しくなることで、地方財源の総額のあり方や地方交付税の算定は大きな影響を受ける。共同責任事務に対する、国の負担が国庫負担金であり、地方財政計画の歳出には、国の予算措置の国庫負担金に補助率で割り返した額が補助事業費として計上される。さらに、地方財政法第11条の2は、国庫負担金の裏負担分については、地方財政計画の歳出に計上するのみならず、普通交付税の基準財政需要額に算定すると断っている。仮に、国と地方の共同責任事務を減らして地方の事務とし、義務付けを大胆に緩和したとして、その場合にも、地方交付税が不要になることはないが、地方交付税の算定は、国庫負担金事業と単独事業の地方交付税の算定の状況からうかがい知れるように、現状よりもずっとシンプルなものになる。そうしたことを、誤解を恐れず大胆に言い切るとすれば、共同責任事務・国庫負担金・義務付けが強くなると、地方交付税のうち財源保障機能が前面に押し出されるようになり、それに対して、地方の事務への移管・単独事業・義務付け緩和の組み合わせを進めていくと、そのときの地方財政計画の内容や地方交付税の算定方式にもよるが、傾向としては財源調整機能が全体的に強調されることとなる。このように事務配分のあり方と国庫支出金、義務付けは、地方財政制度に大きな影響を与える。

共同責任事務の所在を否定するのは、柴田氏の認識では、少なくとも当時の日本の状況では現実的ではないというものであった。いい換えれば、地方分権だけが唯一の価値基準ではなく、日本の経済社会の発展のためには、国と地方が共同して政策課題を担うことが不可欠であるということである。もしも、それを避けようとすると、国の所管事務を大きくして、地方の事務を縮小して、経済社会の発展への貢献という面ではごくマイナーなものに地方の役割をとどめなければならない。それは、基礎自治体中心主義という理念に抵触するものである。また、経済社会の発展ということは、けっして過去の話ではなく、それは現在の社会保障改革などでも十分通じるものである。平成26年度以降、段階的に実施される社会保障改革のうち、子ども子育て支援新制度のなかで、国と地方の負担区分について は、地方財政法の負担区分の考え方が生かされて、「国と地方の役割分担に応じて設定する」とされている。また、並行して進んでいる生活保護制度の見直しに伴う生活困窮者自立支援法による就労支援に関する新事業についても、同様の負担区分の考え方が適用されている。国と地方が共同責任で政策課題を担う図式は、義務付けの緩和などの微調整は必要であるが、大局的には変えられないといえる。

それは歴史の経路依存性に根拠を求めることができる。わが国では、地方分与税という戦前における独自の歴史的経緯によって到達した財政調整制度にとどまらず、地方財政平衡交付金制度という、理想形ながら実は実務的には運用がきわめて難しい制度が、歴史的偶然のなかで導入された。占領統治が終われば、あるいは附加価値税と同様に放棄されてもやむをえないところであったが、地方交付税に衣替えし、経済成長と税収増に支えられて、何とかワークする制度として成り立たせてきた経緯がある。そのなかで、国庫負担金制度が実態的に機能し、経済社会を支える仕組みとなった。その仕組みがなければ、ないままに制度運営は可能であったが、歴史は不可逆的であって、いまさら地方交付税という制度を廃棄し、国と地方の協調体制が崩れる道をわざわざ選択する余地が多いとは思えない。

もっとも、地方財源が潤沢にある状況ならば、国庫負担金が廃止されても問題はない。地方交付税はそれを吸収できる仕組みであるからだ。しかし、三位一体改革が苦い結果に終わったのは、3兆円の税源移譲と4兆円の国庫補助負担金の廃止という量的な目標をクリアすることが前面に立った反面で、国庫補助金と国庫負担金の区別についての議論が未整理であったことと、国庫負担金の全廃がほとんどできずに補助率の引き下げ等で肩透かしに終わったこと、それに平成16年度地方財政ショックというかたちで、財源面で報復されてしまったことがあげられる。地方税の充実は大きな成果であったが、それが後の偏在是正措置の必要性につながったことも厳しい現実である。財源が潤沢でない場合には、国庫負担金の廃止は、思わぬ副作用を生む。それは、義務教育費国庫負担金の復活を最後まで反対しなかった論理に通じる。

第4節で示したような事象を通じて、わが国は、第2次大戦後、地方分権国家としてスタートしたにもかかわらず、中央集権的であるという認識が広がった。それは、成長経済の過程において、いわゆる集中過程と呼ばれる現象が生じたことで、制度運用として、国の地方への関与が強まったと理解することができる。ところが、経済成長が終わりを告げると、今度は分散過程と目される現象が生じており、地方分権改革が大きな流れとなった。シャウプ勧告や神戸勧告のような国と地方の事務再配分の考え方は、国は外交や防衛など国にしかできない役割に限定させ、残りはすべて地方が担う代わりに、都道府県を再編して道州制に移行するといった、急進的な道州制論に引き継がれている。そのなかで、国と地方が共同責任事務を担うという考え方は、折からの官僚批判とも重なって、いかにも旧体制であって利権構造を温存する図式に映らないでもない。

一方、昭和32年の第4次地方制度調査会答申では、戦後改革によって地方自治体化した都道府県の性格を、再度、国に近づけるような改革をめざした。こちらは同じ道州制であっても、中央集権的な志向をもったものである。それを戦後改革に対する反動としての集中化を志向する極とすると、道州制は分権化を志向する逆の極と位置づけられる。平成5年の地方分権の国会決議に至る道は、源流として、自由民主党の対抗軸としての日本社会党の政策に遡ることができる。それは、体制批判であって反国家的な要素を本質的にもっているといえる。平成5年は、自民党の分裂によって自民党単独政権が崩壊し、連立政権が成立した年だが、地方分権改革が国をあげた政策となる背景には、与党の一部が分裂して野党の政策に乗って、新しい与党を形成するという構図が背景にあるようにもみえる。それに対して、国と地方の共同責任事務の存在は、いかにも折衷的な位置づけであるが、現代の急進的な地方分権的志向をもった道州制と、第4次地方制度調査会の中央集権的な道州制を思いおこすと、折衷的ならぬ中庸の思考と位置づけることができるのではないか。

それでは、最後に、地方分権は今後どのように進めていけばよいのか。それは一種の永久運動のように展開することが望ましい。いい換えれば、抜本的改革ではなく、漸進的改革こそ望ましい。平成11年の地方分権一括法で、機関委任事務の廃止が実現し、近年では義務付けの見直しが相当程度進んだ。その一方で、出先機関改革や国から地方への大幅な権限移譲は進まない。義務付けの改革は漸進的な分権改革であるが、民主党政権で構想された出先機関の丸ごと移管などの改革は抜本的改革である。道州制ももちろん抜本的改革である。地方税財政において漸進的改革を行う場合、補助金の廃止もさることながら、たいへん重要であって手付かずのテーマとして、補助要綱の緩和がある。義務付けの緩和と補助要綱の緩和は、いわばセットである。

地方税中心の財政制度をめざして、地方税の充実強化を図ることは方向性として間違いではない。しかし、シャウプ勧告のような事務配分の切り分けと、税源の配分の整合性を図るという考え方は理念としてあっても、少なくとも現在の状況で諸条件が整わないまま、ただちにめざすべき姿ではない。地方税ではなく、地方交付税が主役であることは変えがたい。それに義務付けや補助要綱の緩和といった漸進的分権改革を組み合わせることで、社会制度が極論に触れることを食い止める効用がある。地方交付税は常に批判にさらされ、その運用の歴史は、常に守りの議論のなかにあった。それが平成26年5月で満60年を迎えた地方交付税の歴史であり、だからこそ意味があるといえるのではないか。

# 第4章　開発財政と起債制限・健全化の枠組み

## 1　地方自治体の財政悪化に対する国の関与

地方財政法の柱は、地方への事務配分を前提とする国と地方の負担区分と地方債の制限である。前者については前章まで取り扱ってきた。地方債の制限は、地方自治体に対する規制である。そこでは財務省と総務省の間ではなく、総務省と地方自治体との間における統治と自治のバランスが問われる。

地方自治体は、経常的な公共サービスを提供するだけでなく、投資的経費を通じた住民サービスを提供するとともに、開発行為を行ったり、産業振興策を展開する。一般会計だけでなく、特別会計や公営企業会計を通じるものもあり、さらには地方三公社や第三セクター等を通じることもある。それらを開発事業、そしてそれを支える財政制度の総体を開発財政と呼ぶことにしよう。開発事業には、地方債の発行や債務保証等を含む債務負担行為など、何らかの将来負担を伴う。将来負担には発行済み地方債のように確定したものと、土地開発公社の含み損など発生するかどうかが不確定であって、その規模も事前には確定しないものがあり、その意味で一定のリスクを伴う。地方自治体の健全財政を担保するうえで、リスク分も含めて将来負担をどのように制御するかは重要な課題である。

一方、そのような将来負担によって地方自治体の財政状況が悪化する、ないしはその可能性が高い場合に、国がその抑制に関与すべきかどうかは大きな問題がある。事後の関与にとどめるか、予防という意味での事前の関与とするか、地方債の発行制限だけに関与はとどめて、そのほかの将来負担には関与しないのか、関与の対象を包括的に捕捉するのか、現実的には将来負担の捕捉の方法とそのタイミングを含めて、政策判断と制度設計にかかる多くの課題がある。

仮に、国と地方が、事務権限と財源においてまったく分離した存在であるときに、財政状況が悪化した地方自治体に対して、国がまったく関与しないという姿は考えられないわけではない。逆にいえば、国と地方が一体となって公経済の車の両輪として社会秩序を形成し、国民・住民への公共サービスの提供において相互に責任を果たしているという姿を前提にすれば、国が地方自治体の財政健全化の維持に一定の役割を果たすことはむしろ自然という帰結につながる。

あるいはまた、地方自治体は一種の共同体を形成しており、特定の地方自治体の極端な財政悪化が、直接関係のない別の地方自治体の信用不安を引きおこし、地方債などの資金の調達コストを引き上げることは十分に生じ得る。その際に、地方自治体が相互に財政健全化の維持についての監視や保険的な仕組みを作るうえで、その勧進元は地方自治体の共同組織であってもよいが、地方自治体を包摂する政府である中央政府が担うことも当然、１つの選択肢である。

わが国の場合には、地方債の発行や地方自治体のさまざまな開発とそれに伴う財政負担の仕組みは、基本的に法律に拠っている関係で、それらに対して国の地方財政を担う中央省庁が関与するのは自然なことである。そこで重要なのは、関与することの是非ではなく、どこまで関与するか、関与のあり方をどうするかなどの技術的な問題である。そこに、国と地方自治体との間の統治と自治のバランスがある。わが国の場合、当然のことながら、長期的にみると国の関与を弱める方向で制度改正が進んできているが、全体的には、国が関与しない仕組みがめざされているわけではない。

## 2　開発財政と財政健全化の８つの仕組み

### マクロの財源確保とミクロの財源配分を除く地方財政制度のあり方への総合的な理解

開発財政と地方債の発行とその制限、財政健全化に関わる制度的枠組みとしてどのようなものがあり、それらがどのように制度展開をしてきたのかを検討する。以下では、①財務規定、②地方公営企業、③地方債の発行制限、④財政再建制度、⑤災害財政制度、⑥開発財政にかかる諸制度と総務省の指針、⑦地方共同金融機関、⑧公会計、の８項目ごとに大きな制度改正等を振り返ることとする。これらの8項目を除き、総務省自治財政局が所管している政策課題は、地方財政計画の策定と財源確保、および地方交付税の配分等である。したがって、マクロの財源確保をミクロの財源配分を除く、地方財政制度のあり方にかかる課題を、一体的かつ総合的に理解することが本章の目的である。

### ①財務規定

**昭和22年　地方自治法において財務規定を定める**

**昭和38年　地方自治法の改正に基づき、特別会計の必置や指定金融機関制度などの地方財務会計制度の見直し**

地方自治体の財務規定は、昭和22年の地方自治法によって定められている。いうまでもなく現金主義会計に基づいている。予算・決算制度を含めて財務規定と呼ばれている。そこでは国の財務規定と整合的であることが重要となる。これらは昭和23年に地方財政法が制定される際に、地方自治法から移管することも選択肢としてあったが、前年にできたばかりの地方自治法の改正は見送られる。地方自治法の起草に関わった柴田護氏は、当時の論考のなかで、地方自治法は地方財務に関する基本的な規定である地方自治団体の財務組織および権能の基本的なものに限るべきであるとしており、具体的には、営造物の設置廃止に関する権能、租税徴収権、予算および決算制度に関する規定、歳出に関する基本権能等をあげている。いい換えれば、地方自治法は本来、地方財政法で規定すべき事項を多数含めているという見方を示した。

　その後、財務規定は明治以来の慣行が続くなかでその合理化が必要であるとされ、昭和34年４月の地方財務会計制度調査会の設置によって本格的に見直しが検討され、３年後に答申をまとめて、昭和38年の地方自治法の改正で実現している。

　その主な内容は、執行機関については、長の担任する事務の列挙事項に決算を議会の認定に付すことと公の施設の設置・管理・廃止を追加したこと、出納長・収入役の補助職員・補助機構についての整備、監査委員制度について市町村についても必置としたことなどである。また、財務に関する規定については、一般会計と特別会計に区分して特別会計必置要件を法律上明確にしたこと、公金の収納・支払いの事務は都道府県では金融機関を指定して取り扱わせなければならないとしたこと、財産について公有財産を行政財産と普通財産に分類してそれぞれの範囲を法定して管理・処分の規定を設けたことや、基金の設置・管理・処分に関する規定を設けたこと、住民による監査請求と訴訟制度に関する規定を設けたことなどがある。

　財務規定の見直しは、その後、臨時行政調査会による事業別予算の導入の検討などがあったものの実現していない。近年では、後述のように、発生主義会計に基づく公会計の整備が進められているが、財政情報の開示の充実という観点が主であり、財務規定の改革という意味合いではない。そのことの妥当性は次節で再論する。また、地方自治法が定める現金主義会計は、出納整理期間の規定などを含んだ修正現金主義会計であり、予算・決算の考え方と整合的な財務規定となっていることに注意が必要である。なお、直近年度では、公金納付チャネル拡大の観点から、電子マネーによる公金納付の制度化など、財務制度の見直しの検討が進められている。

### ②地方公営企業

**昭和27年　地方公営企業法の制定、地方公営企業会計基準の設定**
**昭和41年　地方公営企業法の改正、繰出基準を整備**
**平成24年　地方公営企業法の改正、地方公営企業会計基準の改訂（平成26年度予算・決算から適用）**
**平成26年　地方公営企業法の財務規定の適用拡大に向けての研究会報告・留意事項通知**

一方、地方公営企業は実態としては戦前から大都市を中心に存在しており、そこでは発生主義会計に基づく財務処理が定着していた。ところが昭和22年の地方自治法に基づく財務規定は地方公営企業にも適用されたことで、現金主義会計と発生主義会計の両方に対応することが煩雑となり、見直しが必要とされた。そこで、昭和27年に新たに地方公営企業法が定められ、同法の発生主義会計に基づく財務規定を適用する地方公営企業については現金主義会計の予算・決算は不要とされ、それを受けて地方公営企業の会計基準が定められた。その結果、一般会計は現金主義会計、地方公営企業は発生主義会計に基づく財務規定となった。

昭和30年代に、高度経済成長時代を迎え、わが国は大規模な農村から都市への人口移動を経験し、都市における過密、農村における過疎問題に直面する。大都市では、住宅、交通、水道、道路などのインフラの整備など、人口流入に対応した都市開発が求められることとなった。そのなかで、インフレ対策として公共料金が抑制されたこともあって、地方公営企業の財務内容は大きく悪化し、その再建が求められるようになった。昭和41年の地方公営企業法の改正では、会計基準こそ変えられなかったが、財務規定の適用範囲の拡大のほか、地方公営企業に対する一般会計からの繰出基準を整備する一方で、地方公営企業単体に対して後述する再建法制である地方財政再建促進特別措置法が適用されることとなった。

地方公営企業は独立採算をもって原則とするとされ、その規定は、昭和23年の地方財政法に遡る。もっともそこでいう地方公営企業は、地方債の発行対象に適う事業の大半を指しており、地方公営企業法に規定される狭義の定義とは異なっている。昭和23年の地方財政法は一般規定として地方公営企業全体に対する独立採算制を求めつつ、昭和41年の地方公営企業法の改正によって、狭義の地方公営企業に対して再建法制を単独で適用することで独立採算制を強く促した。もっとも同時に一般会計からの繰出基準を整備したという意味で、当該事業の収益で賄うべきではないとされる費用は一般会計からの繰出で財源充当するという原則を明確にした修正独立採算主義であるといえる。

地方公営企業の会計制度については、平成24年の法改正によって資本制度が自由化の方向で見直され、政令改正によって会計基準が全面的に見直されることとなった（会計基準の見直しは平成26年度予算・決算から適用）。そこでの改正のねらいの中心は、可能な限り民間基準会計に準じることである。地方公営企業の会計基準は、発足時は、発生主義会計に拠りつつも、地方公営企業の特性を会計基準において表現することをねらいとしていた。借入資本金やみなし償却がその代表的なものである。

地方公営企業の財政診断のためには、地方公営企業の特性に応じた会計基準を変える必要はない。そこでめざされたのは、地方公営企業の財務内容の開示手段を充実する観点に基づき、民間企業会計といういわば共通言語で開示することである。その背景には、後述のように、財政診断は平成20年度決算から本格適用された自治体財政健全化法（地方公共団体の財政の健全化に関する法律）の資金不足比率等に基づくという環境変化があった。地方公営企業会計の見直しのうち、借入資本金の見直しは資金不足比率を悪化させるが、その点は、自治体財政健全化法の資金不足比率に反映させないとしたことは、会計基準の見直しと財政診断の間に一線を引くという考え方の表れとみることができる。

その後、地方公営企業法の財務規定の適用を拡大することが検討されている。企業数としてもっとも多い下水道事業と簡易水道事業について財務規定の拡大を求める研究会報告が、平成26年に取りまとめられ、それを受けて留意事項が通知された。その際に、地方公営企業の財務規定の適用は、独立採算制の適用を厳しくする趣旨ではなく、一般会計からの繰出に対する自由度が、地方公営企業法の財務規定の適用によって妨げられることはないことが確認されている。地方公営企業法の資本制度の見直しや繰出基準の弾力運営は、人口減少社会によって集落が維持できないなどの近年の状況と密接に関係している。また、繰出基準の弾力運営は、地方公営企業会計が、財務規定の適用か非適用かにかかわらず、単体として自治体財政健全化法の対象となっていることからいわば不可避のことであった。

### ③地方債の発行制限

**昭和22年　地方自治法による許可制**
**昭和23年　地方財政法による適債性の要件（建設公債主義）、起債の抑制**
**平成18年　地方分権一括法（平成11年）に基づき協議制への移行**
**平成24年　地方債発行の事前届出制（協議不要制度）の導入**

昭和22年の地方自治法では財務規定が設けられ、そこで財務会計制度が規定された。起債許可制度もそのなかに含まれている。翌年の地方財政法の起草時には、地方自治法の財務規定を包摂する内容とする構想はあったものの断念され、地方債に関して建設公債主義を定めた規定を盛り込むことにとどめた。起債許可制度の規定が地方財政法に移されるのは、それから半世紀以上も経過した平成11年の地方分権一括法のなかで、協議制への移行が図られる際である。

ところで、起債許可そのものが、国による地方への過剰介入であるという見方はけっして新しいものではない。柴田護氏は、昭和23年の論考のなかで、制度の運用に関する基本的事項や国家利益との調和に関する重要な事項のみを法定化するべきであり、許可制度は本来望ましくないとしている。地方自治法が許可を「当分の間」としていることについて、当時の経済情勢においては許可権を全廃すると地方自治体の財政を逼迫させて、国家公益に害するおそれがあるのでやむをえないとの見方を示している。したがって、いずれは地方債の行政監督が廃止され、法規監督や合理的規制に移行していくことを当然視している（現在の姿はそれに近いといえる）。

筆者の見方では、資金不足経済においては、地方債といえども国内金融市場で引受先が見つからない状況であるので、財政投融資等の仕組みを通じて、政府が各分野に資金を割り当てることはやむを得ず、合理的であるといえる。もっとも財政投融資は所管が大蔵省であるので、地方分権の観点で地方共同金融機関の設置を求めたという経緯がある。資金割り当ての必要がなくなるのは、日本経済が資金余剰の状態になる昭和50年代後半からであり、平成18年に協議制度に移行したときには資金不足時代とは金融情勢はすっかり変わっていた。許可制度の末期には、適債性のある起債は、資金供給に天井がないことからほぼ自動的に許可していたので、割り当て機能は事実上消えており、協議制に移行しても実態はほとんど変わらなかった。許可制度から協議制の転換は、原則発行禁止から原則発行自由化への大転換であったにもかかわらず、実態面での変化がなかったことから、地方分権に資する改革という評価は皮肉にもほとんどされなかった。

平成24年の事前協議制（協議不要制度）への移行は、後述する建設公債主義と地方財政法に基づく財政健全化の担保という枠組みのなかで、起債に関する自由度をさらに一歩拡大する制度改正であった。基本的には、協議制移行の延長線上にある改革であるといってよい。

一方、昭和23年の地方財政法が建設公債主義を打ち出したことは、大きな意味がある。前年に成立していた財政法は第4条のなかで非募債主義を打ち出しながら、但し書きにおいて建設公債を認めている。財政学の古典的な展開において、古典派経済学は非募債主義を訴え、ドイツ正統派財政学は建設公債主義をうたい、ケインズ経済学は総需要管理政策の観点から公債の弾力運用を求めている。日本の財政法はドイツ正統派経済学の影響を受けている。ところが、実態としては昭和50年代以降、赤字国債に悩まされることとなり、国家財政は運用面で建設公債主義を遵守できない状況が続いている。

国家財政では、マクロ経済政策上の要請が重視されるので、建設公債主義にこだわることが政策判断として妥当でない側面がある。それに対して、地方財政では、マクロ経済政策は本来の機能とはされず、建設公債主義は妥当な原則である。一方、シャウプ勧告は建設公債主義を採用しておらず、年間の負債利子が過去3カ年平均の予算の一定割合（10％ないしは15％程度）を超えない限り起債を許可するなどの考え方を打ち出している。償還能力が担保されている限り起債を認めてよいというものである。それを受けて地方財政法の規定を改正しなかったのは、そのような運用が難しいという側面と、地方自治体の財政悪化を未然に防ぐためには、より厳格な起債制限のルールを適用すべきであるという判断からであろう。

地方財政法第5条の規定も、財政法の第4条と基本的に同じ構造になっているが、着想は微妙に異なる。地方財政では公営企業が起債において大きな割合を占めている。地方公営企業が借入によって設備投資を行い、事業収入で償還する仕組みを想定すると、建設公債主義は当然である。昭和28年の地方財政法の改正で盛りこまれた、地方債の償還期間をそれを財源として取得する資産の耐用年数の範囲内にするという規定は、国の財政法にはないものであるが、地方公営企業の健全性を担保するうえでは重要な規定である。

地方財政法は、実質公債費比率等の財政指標に基づく起債制限を実施してきており、協議制度移行後は実質公債費比率等で許可制度と協議制度の線引きをするなど、財政指標に応じて起債を何らかの意味で制限する仕組みを昭和30年度から始め、今日に至っている。それは再建法制に対するさらに予備的な措置として有効であるという見方と、再建法制で健全化を担保しているなかでは過剰介入であるという批判がある。

現在の地方債制度に対してさらなる自由化が必要とされることがある。現在、協議制や事前届出制が必要であるのは、地方債計画のなかで政府資金を手当てすることもあるが、地方財政計画のなかで地方交付税等との整合性を図る必要と、建設公債主義の範囲の起債であるという意味での適債性の確認の必要からである。適債性の規制を外すという意味での自由化は考えられないことはないが、実際の財政運営に照らせばそれが妥当であるとは、筆者には考えられない。

### ④財政再建制度

**昭和30年　地方財政再建促進特別措置法**
**昭和41年　地方公営企業の健全化規定**
**平成19年　自治体財政健全化法（平成20年度決算から本格適用）**

昭和20年代後半、地方自治体の財政状況はきわめて悪化した。昭和24年のドッジ・ラインに基づく地方配付税の大幅圧縮と、戦後改革によって急増した地方自治体への事務配分の拡大による影響が大きかったといわれている。昭和30年度は、当初こそ地方交付税が押さえこまれたが、年度途中の地方財政計画の改定で地方財源の追加措置が講じられ、次年度の法定率の引き上げを確実なものとしたことから、地方財源の充実とセットに、地方自治体に財政再建を促す地方財政再建促進特別措置法が設けられた。同法は、法律の施行当時の赤字団体に対して適用される法律であるが、その後も、財政状況が悪化した団体に対して再建規定を準用することとなり、それらは準用再建団体と呼ばれた。その最後の例が平成17年度決算に対して適用された夕張市である。

昭和41年には先述のように、地方公営企業に対する規定が追加されているが、それ以外には大きな制度改正は設けられなかった。しかし、その間に地方財政の制度は大きく変わり、地方自治体を取り巻く環境も大きな変化を見せるようになった。

そうしたなかで、小泉構造改革において、地方自治体を破たんさせる仕組みを導入することを通じて財政規律を促そうとする動きが政治主導で展開された。結果的には、再建法制を大きくリニューアルした自治体財政健全化法には破たんの要素は盛り込まれなかったが、その反面で、これまでになかった画期的な仕組みが導入されている。破たんさせることの是非については後述するとして、自治体財政健全化法の特徴は次のように要約される。

(1)財政状況を把握するうえで財政指標（健全化判断比率）を充実させ、一般会計以外の負債や赤字、あるいは債務保証や損失補償に対する捕捉を行う

(2)財政指標の正確性を担保するために健全化判断比率の審査を監査委員が行う

(3)総務大臣の監督の下で再建を進める財政の再生に加えて、そこまで悪化する以前の段階で、議会の監視によって再建を進める早期健全化の仕組みを導入する

それらは、従来の地方財政再建促進特別措置法の課題とされたものに対応したものである。特に、(1)では従来の実質赤字比率に加えて、連結実質赤字比率として、一般会計と特別会計、地方公営企業会計の資金不足の純計を指標に用いている。また、赤字の大きさに加えて、負債の重さを量るために、公債費であるフローでは実質公債費比率（地方財政法に基づく起債制限のための指標であり、同法でも適用）を、残高であるストックでは将来負担比率を用い、地方公営企業には資金不足比率を

適用することとした。

このうち将来負担比率は画期的な内容であり、債務保証や損失補償にかかる財政負担を捕捉するなど、これまでみえないとされた財政負担を捕捉して公表している。それだけに指標の算定には技術的な課題を伴うが、自治体財政健全化法は、地方財政制度運営の歴史を大きく変えるほどの内容である。資金不足比率に基づく地方公営企業の健全化は、既述のように、従来の地方公営企業法の財務規定の当然適用を受ける狭義の事業以外に、広く適用されることになったことも重要である。

⑤災害財政制度

**昭和25年　シャウプ勧告に基づく災害復旧費の全額国庫負担**
**昭和26年　公共土木施設災害復旧事業費国庫負担法によって全額国庫負担見直し**
**昭和36・37年　災害対策基本法・激甚災害財政援助法**
**平成7年　阪神・淡路大震災に対する特別法での対応**
**平成23年　東日本大震災に対する特別法での対応**

シャウプ勧告は、国と地方の機能分担を切り分けることをめざしており、そのなかで、大規模な災害復旧は国の役割と規定し、災害復旧費の全額国庫負担を求めている。神戸勧告でもそれは継承されているが、昭和26年には第２次シャウプ勧告もあって、早くも全額国庫負担制度は見直されている。

災害復旧に関して、国は高率の補助金を交付するなどの強い支援は必要であるとしても、復旧事業の事業主体である地方自治体がまったく財政負担を負わないことは妥当ではないという見方が支配的であったからである。その後、昭和30年代を通じて大規模な台風被害など自然災害による被害が頻発するなかで、災害ごとに特別立法による対応がなされた。

そうした制度が全体的に整えられるのが、昭和36年の災害対策基本法の創設と、翌年の激甚災害財政援助法の制定である。後者では、災害復旧事業に対して、国が高率の建設補助金を交付するとともに、地方負担分にはいったん地方債でほとんどの財源を充当するとともに、その元利償還金の一定割合を基準財政需要額に算入する、後でいう事業費補正方式がとられることとなった。投資的経費に対する財源措置として、その後、事業費補正方式が主流となるが、その原点に災害復旧制度があることは重要である。

平成7年の阪神・淡路大震災では、激甚災害財政援助法の考え方を骨格とする特別な財政援助法を設け、高率補助金の補助率のかさ上げと地方債の充当率の引き上げ、公債費の基準財政需要額の算入割合の引き上げ、並びにそれぞれの対象範囲の拡大などを行っている。また税制上の優遇措置に関する特別法をあわせて設けている。

さらに、平成23年の東日本大震災では、阪神・淡路大震災の方式を拡充するとともに、復旧・復興事業等において、従来であれば地方債を充当してきた部分に交付金を充てることで、起債そのものが不要である財源スキームを設けるとともに、国の府省の間の復興の総合調整を図ることもあって復興庁を設けている。また復興財源に対しては、特別増税を実施するなどの措置を設けている。東日本大震災からの復興財政措置は、それまでの災害財政のスキームの集大成ともいうべき充実した内容である。

⑥開発財政にかかる諸制度と総務省の指針

昭和21年　財政援助制限法
昭和28年　離島振興法
昭和29年　損失補償を認める行政実例
昭和31年　投資的経費への特別態容補正、再建団体への補助率引き上げ
　　　　　首都圏整備法（昭和38年に近畿圏整備法など）
昭和36年　後進地域特例
昭和37年　新産業都市建設促進法、辺地法（辺地に係る公共的施設の総合整備のための財政上の特別措置等に関する法律）
昭和40年　新産業都市と工業整備特別地域の整備のための国の財政上の特別措置を定めた法律
　　　　　地方住宅供給公社法

昭和41年以降　地方交付税の法定率32％への引き上げに伴う投資的経費への財源措置の充実
昭和45年　過疎地域対策緊急措置法（議員立法、以後、10年ごとに更新）
　地方道路公社法
昭和46年　沖縄振興開発特別措置法（以後、10年ごとに更新）
昭和47年　土地開発公社法
昭和53年　地域総合整備事業債の開始
昭和60年　半島振興法
昭和61年　民活法
昭和62年　総合保養地域整備法
昭和63年　ふるさと創生1億円事業
平成11年　「第三セクターに関する指針」による見直し（平成15年に改定）
平成17年　新地方行革指針による第三セクター等の抜本改革の要請
平成20年　定住自立圏構想推進要綱
平成21年　「第三セクター等の抜本的改革等に関する指針」、第三セクター等改革推進債（5年間）
平成23年　「安曇野訴訟」最高裁判決（平成22年に東京高裁判決）
平成26年　第三セクター等の新指針、地方中枢拠点都市の創設開発事業にかかる諸制度や財政的措置は以上にあげたように多様であり、特に重要と考えるものをあげているが、これでもすべてを網羅しているわけではない。地方財政制度において、経常経費は基本的に地方交付税による財源保障機能によって多くの部分が賄われる。それに対して、投資的経費では、一般財源充当分は基本的に起債が充当されるものの、元利償還金は原則、留保財源対応であって、税収に乏しく留保財源が十分でない地方自治体では、投資的経費に対する財源が構造的に不足している。開発財政という観点からは、投資的経費に対してどのように財源措置を設けるかが常に問題となる。

昭和31年の普通交付税の算定における特別態容補正は、地方財政再建促進特別措置法の実施に伴って、財政再建団体が投資的経費の執行ができない状況を緩和するために設けられた地方交付税上の措置である。昭和36年の後進地域特例は、条件不利地域における公共事業等の補助率の引き上げ措置に関する法制度である。投資的経費に対する地方交付税の財源措置が拡充されるのは、昭和41年に法定率が32％に引き上げられ、投資的経費に対する財源措置を行う余地が生じた頃からである。その頃から、普通交付税においては、投資的経費の財源措置として、事業費補正方式が段階を踏んで主流となっていく。

一方、条件不利地域の地域振興や、産業拠点都市の地方展開、大都市圏を含む特定地域の開発促進のための法整備は並行して進んでおり、昭和28年の離島振興法をはじめ、31年の首都圏整備法、37年には新産業都市建設促進法と辺地法などの法整備が進められると同時に、45年には議員立法によっていわゆる過疎法が制定される（法律名称は改正ごとに少しずつ変わっている）。また、昭和47年の沖縄返還に伴って沖縄振興特別措置法が設けられ、そこでも建設補助金の補助率のかさ上げと事業費補正方式が多用されている。

そのような特定地域に対応した開発に対応した法整備に対して、昭和40年代後半には、道路・住宅・土地の地方三公社の法整備が進んでいる。そこでは、昭和21年に占領統治下の財政援助制限法で禁止された債務保証を道路と土地の公社では限定解禁し、住宅の公社は昭和29年の損失補償を認めた行政実例に基づく損失補償契約を前提にしたものである。

昭和60年代になると、民活法に基づく第三セクター設立が各地で相次ぎ、総合保養地域整備法に伴う公共観光施設の建設がそれに拍車をかけることとなる。地方単独事業の推進をめざした地域総合整備事業債の創設は昭和53年と比較的早いが、それが量的にも拡大し、いわゆる地方単独事業の推進が進められるのは、平成に年号が変わった頃であり、当時のバブル景気とそれに伴う税収増が実現した地方交付税財源の過去にない拡充がそれを可能にした。昭和63年には当時の雰囲気を象徴するものとして、ふるさと創生1億円事業が実施されている。

その時期には、日米経済構造協議によって日本経済は内需拡大を促され、国は地方に公共事業実施の分担を求め、地方自治体は事業費補正方式を多用して、単独事業として公共事業の推進に一役買うこととなる。その手法は、バブル崩壊後の経済対策を推進する時代にも引き続き多用され、平成11年の地方財政計画では投資的経費が過去最大の規模となる。ところが、翌年度から投資的経費は減少に転じ、平成14年度から小泉内閣による予算編成で構造改革が始められたことで、投資的経費は猛烈な勢いで減少が続き、構造改革が終わっても、また民主党政権への政権交代があっても、それは止まらず、平成25年度には昭和50年代の前半と同じ規模まで投資的経費は圧縮されている。そのなかで問題視されているのが、いわゆるインフラや公共施設の更新投資ができなくなる「朽ちるインフラ」である。

バブル崩壊後、平成10年度以降あたりから地方自治体の財政状況は急激に悪化し始めるとともに、土地開発公社や住宅供給公社が保有する土地の含み損が拡大し、第三セクターでは財務状況が悪化して運用が行き詰まり、地方自治体が損失補償契約の履行を迫られることも頻発した。総務省では、平成11年から第三セクターの経営改善を促していたが、平成21年には第三セクター等改革推進債を設けて破たん処理を促すこととした。その背景には、地方自治体の破たん制度の導入を検討するなかで、一般会計・特別会計・公営企業会計は破たんさせない（公営企業会計であっても観光施設など住民サービスに直結しないものは例外）一方で、開発事業にかかる地方三公社や第三セクター、一部の地方公営企業については、経営状態の改善が見込めないときには積極的に破たんを促す方向を打ち出したことがある。

その途上で、安曇野訴訟においては、債務保証を禁止した財政援助制限法があるなかで、損失補償であっても債務保証と同等の内容のものは違法であるとの高等裁判所判決が示されるといった事態も出現した。最終的には、最高裁判所の判断でそれが覆り、財政援助制限法がむしろ行き過ぎであるとして昭和29年の行政実例で損失補償を認めた趣旨に沿って、損失補償契約を違法との判断は示さなかった。平成25年度末の第三セクター等改革推進債の期限までに、林業公社などを除けば、多額の将来負担を抱える第三セクター等の整理はおおむね終了し、平成26年度には第三セクターには新しい運営指針が示された。

そうしたなかで、地域振興政策としては、小泉構造改革が終了し、福田内閣になってから首相の意向を受けて定住自立圏構想が策定・実施され、平成25年の第30次地方制度調査会答申を受けて地方中枢拠点都市が設けられた。これらは人口減少社会における、地域振興や住民へのサービス供給体制において、拠点となる地方自治体を中心に周辺の複数の市町村が協力体制を組む水平連携のあり方を示すものである。定住自立圏では、拠点となる公立病院を中心とした医療サービス圏の形成などの取り組みが行われている。その意味では、かつての地域開発とは大きく様変わりである。

### ⑦地方共同金融機関

**昭和32年　公営企業金融公庫の発足**

### 昭和53年　一般会計臨時3事業への融資対象の拡大
### 平成20年　特殊法人改革に伴い地方自治体出資の地方公営企業等金融公庫に改組
### 平成21年　地方公共団体金融機構への改組

地方共同の金融機関の設立は、地方財政の戦後の草創期には悲願ともいうべきものであった。構想は戦前からあり、何度も試みられたものの、大蔵省が一元的に資金管理をするという壁に跳ね返されてきた。そのなかでようやく昭和32年の公営企業に対する資金供給という限定されたかたちで、国の特殊法人として公営企業金融公庫の創設が認められた。公営企業金融公庫による融資は、財政投融資計画の一環という意味では、郵便貯金資金や簡保資金などが一般会計地方債に充当されることに並行したものだが、政府保証債で資金調達がされていることから原資は別である。

昭和50年代の初めには国が大量の国債発行をしたことで地方債を引き受ける資金がタイトになり、融資枠の拡大が必要であるという認識の下で、公営企業金融公庫が緊急性の高い臨時3事業（地方道、河川等、高等学校整備）に限って一般会計債を引き受ける道が開かれた。

その後、特殊法人改革として政府関係金融機関の統廃合が進められることとなり、公営企業金融公庫は地方公共団体が出資する地方共同法人である地方公営企業等金融機構に改組されることとなった。地方公営企業等金融機構は、自ら債券発行により資金調達を行い、地方公営企業等の行う事業に対して貸付を行うこととされた。融資対象は公営企業金融公庫のものを基本的に継承した。ところが、地方公営企業等金融機構の発足直後の平成20年10月に、リーマン・ショック後の経済対策として、一般会計債を引き受けることができる地方共同の金融機構の創設が盛り込まれた。そこで、地方公営企業等金融機構を再度改組し、平成21年度に悲願ともいうべき一般会計債を引き受けられる地方共同金融機関である地方公共団体金融機構が誕生した。地方公共団体金融機構の発足は、地方自治体が共同体として、相互に協力する姿を象徴する存在であるともいえる。市場公募資金が増えることは政府から市場へのシフトであるが、同じ公的資金のなかでも、政府資金依存を薄めて地方共同発行機関である地方公共団体金融機構引受分が増えることは、統治から自治へのシフトであるといえる。

**⑧公会計**

**平成12年　総務省方式の基となる研究会報告**
**平成18年　新地方公会計制度研究会報告（財務書類4表、基準モデルと総務省方式改訂モデル）、同年の「地方公共団体における行政改革の更なる推進のための指針」で財務書類等の整備を要請**
**平成26年　自治財政局長通知「今後の地方公会計の整備推進について」に基づき、平成29年度末までに統一的な基準での財務書類整備を要請**

先に財務会計制度について述べたが、公会計の整備はそれとは一線を画している。並行して、地方公営企業の会計基準の見直しが実現し、財務規定の適用拡大が検討されているが、それらは法律に基づく財務報告である。それに対して公会計は、財政情報の説明資料の充実が主たるねらいであり、当初は資産・債務改革の一環として、資産を処分して債務を軽減する行政改革の文脈で進められた。平成12年の研究会報告に基づいて総務省方式と呼ばれるモデルがつくられたが、平成18年には、国の省庁別財務書類の会計基準を地方自治体の決算報告に適用する基準モデルが提案され、その後、東京都などが独自基準に基づくモデルを開発するなど、複数のモデルが並列するかたちとなった。一方、政府は行政改革指針などを通じて、公会計の整備を働きかけており、相当数の地方自治体が何らかのモデルで作成済みとなった。

しかしながら複数のモデルが並列していては、地方自治体間の比較ができないことから、その統一に向けての検討が進められ、平成26年の研究会報告を受けて、基本的に、国の財務書類との整合性を重視する観点から、基準モデルを簡素にしたものを統一の会計基準とすることとした。それに基づく財務書類を、原則として平成29年度末までに作成することを地方自治体に求めている。

## 3　根幹をなすのは財務規定と建設公債主義、そして健全化法

### 財政健全化のための根幹的な仕組み

以上のように開発財政と財政健全化に関連する８つの制度等について、これまでの制度運営の展開

過程を追ってきた。そのなかで、地方自治体の財政運営において根幹的な仕組みは、現金主義会計と建設公債主義、そして自治体財政健全化法である。公会計をはじめとする仕組みは、それらを補完するものである。公会計は、特定の政策にかかる費用便益分析など、会計でいえば管理会計のような仕組みとして有用であるものの、財務会計の仕組みという意味での根幹的なものではない。

政府と企業の違いは、政府が課税権をはじめとする大きな権力を持ち、民主主義的な統制のなかで、政府の課税権は租税法律主義に基づき、歳出権限については予算議決というかたちで、いずれも立法府が事前に統制することが前提となっている。事後の決算統制を中心とする企業会計とは、そこが決定的に異なっている。まさに統治機構ならではの構造である。

歳出権限の事前統制を厳密に行ううえで、発生主義会計よりも現金主義会計が有効である。現金の動きを物理的に統制できるからである。しかしながら、現金主義会計では、借入金や投資的経費など、1年の資金収支では収まらないものを制御できない。そこで現金主義会計と借入の制限である建設公債主義の組み合わせることが、多くの国で行われてきた。建設公債主義は、少なくとも地方財政では、程度の差こそあれ、グローバルなルールである。政府の財政健全化におけるゴールデン・ルールと呼ばれることもある。

### 建設公債主義の含意

建設公債主義とは、それを厳密に適用する限り、貸借対照表が資産超過になるという意味で、償還能力を担保する仕組みであるといえる。建設公債主義の起源であるドイツ正統派財政学において貸借対照表が意識されていたとは時代的に考えにくいが、建設公債主義でいう世代間の公平は、損益計算書ベースでみたときに収益（に該当する税収等）が費用（に該当する減価償却費相当額）を下回らないことを意味しているので、本質的には同じであり、数学的には債務超過にならないための十分条件である。地方財政法のように、地方債の償還期間を耐用年数以内とすることは、厳密な意味での建設公債主義に相当する。

財務状況が健全であるとは、現金主義会計の意味で健全（資金不足が生じてない）であって、かつ発生主義会計の意味でも健全（貸借対照表が資産超過であり、損益計算書に相当するものに黒字に相当するものが発生している）であることの両方が満たされている場合である。建設公債主義とは発生主義会計で健全であるという規制をかけることと同じであるので、財務状況の健全性は、資金収支に片寄せされることとなる。それは、一般的に民間企業経営においても、設備投資にしか借入を充てないとすると、資金繰りに苦しむという現象に陥ることと同じ意味である。

財務問題を資金収支に片寄せしておいて、現金主義会計によって議会が予算統制を行い、赤字が生じたときには、政府が法的に設けたルールに基づいて強制的な健全性を図るものとして、自治体財政健全化法の規定が適用される。それが、わが国における地方自治体の財政健全化を維持するための財政統制の基本形である。平成19年の自治体財政健全化法の成立までは、再建法制にいくつか穴があったので、その基本が整っていなかった。今後も自治体財政健全化法の精度をさらに高めて、穴をふさぐ努力が継続して必要となる。

## 公会計への期待と自治体財政健全化法の含意

現金主義会計に建設公債主義を組み合わせ、自治体財政健全化法で全体を縛るという仕組みが根幹であるので、それ以外の地方債の許可制度や、公会計などは補助的なものであるということになる。自治体財政健全化法があることで、公会計に期待されている役割は、相対的に小さいといえる。公会計には、現金主義会計では浮かび上がらない財政状況が診断できるという期待があるからである。それは逆にいえば、建設公債主義の効用が浸透していないということでもある。

一方、自治体財政健全化法には、地方自治体の財政担当者から期待外れという声が聞こえてくることもある。というのは、健全化判断比率の算定に大変な手間がかかるにもかかわらず、ほとんどの団体が健全であるという結果にしかならないからである。健全であるという結果は、財政担当者にはあまりうれしいことではない。財政運営に不安があるという第三者の診断結果を盾に、予算要求を撃退したいからである。

そもそも自治体財政健全化法の趣旨は、財政状況が悪化した際に、法律的な枠組みで強制的に健全化するというものである。財政の再生状態はもちろんであるが、早期健全化の状態であっても強制的な仕組みが適用されることは同じである。国が法律的な枠組みで、地方自治体の財政状況の健全化を求める際に、もはや自力で再建するということが期待できないと判断されるほど、財政状態が悪化していなければ強制的な改善策は発動すべきではない。したがって、地方自治体の財政担当者の期待には反するが、若干悪化した程度では、自治体財政健全化法の枠組みでは健全という結果にしかならない。むしろそうでなければならない。

公会計の場合には、複式簿記にすることで、貸方と借方の両面の動きを確認できるので、不正防止に対して一定の効用があるという見方がある。ただし、それが現金主義会計のデメリットであるとまではいえない。地方自治体の監査業務では、例月現金出納検査として、毎月、現金残高が正確であるかどうかの確認が行われている。それを行う限り、地方自治体の決算で形式収支に対する虚偽報告はほとんど不可能といえる。地方自治体財政の不正経理は、目的外使用等が主であって、存在しない現金をあると偽ることは、例月現金出納検査が行われている限りできない。その意味で単式簿記であっても、現金という現物の確認をすれば収支尻の虚偽報告は防止できる。逆にいえば、発生主義会計では、複式簿記のかたちにすることで、正確性を期する効果があるともいえる。

その一方で、複式簿記では物の確認を行っているが、現金出納検査では現金しか見ていないので、保有する資産等の捕捉が十分でなくても特に問題がないという側面がある。地方自治体で資産台帳の整備が十分でない傾向があるのは、現金主義会計とそれに対応した監査では、物の管理に目が届かないことの裏返しである。新地方公会計の会計基準の統一にあたって、資産台帳の整備が求められていることが重要なことである。公会計は、財政健全化のための主たる役割こそないものの、従たる役割として位置づけられていることの積極的な意味は、そこにも求められる。

## 地方自治体を破たんさせないことの意味

小泉構造改革の一連の流れのなかで、地方自治体に破たんの要素を持ち込むことが話題になったのは、破たんしないことが地方自治体財政にとってぬるま湯の状態を意味し、破たんさせるという厳しい環境に置くことで財政規律が促されるという見立てからである。ところが、それは破たんの定義にもよるが、間違った見方である。

破たんを自力再建に委ねるのではなく、法的な枠組みによって強制的に再建を促す意味だと定義とすれば、破たんさせる方が財政規律が働くという見方は自然である。その定義ならば自治体財政健全化法はまさに破たん処理の仕組みとなる。しかし、小泉構造改革で竹中平蔵総務大臣がめざした破たんの仕組みとは、デフォルトであって債務調整（金利の減免や元本の一部返済免除、あるいはリスケジュールなど）の意味であると考えられる。破たんさせないとは、債務調整は認めないという意味であるから、破たんさせない方が実は厳しい。破たんという言葉の意味が先行するあまりに、議論が上滑りした懸念がある。

アメリカの地方自治体はデフォルトを生じているが、それは自治体財政健全化法のような強制再建のための一般ルールが設けられていない状況で、返済できないほどの負債や赤字を抱えてしまった結果、連邦破産法第９章の規定にしたがって債務調整を裁判所に対して申請するというものである。それがどれほどのエネルギーを必要とし、住民不在の債務調整の議論が延々と繰り広げられることは、２０１３年から始まったデトロイト市の破たん処理の経緯をみれば明らかである。行き着くところまで行ってから司法判断に委ねるのがアメリカならば、そうなる未然の段階で強制再建させるのがわが国の制度ということになる。ちなみに、アメリカでも州政府には連邦破産法の適用はされないので、債務調整はできない、あるいはそのための手続法はない。

わが国では、地方自治体には暗黙の政府保証があって、地方自治体の債務に対して国が保障することは法律上規定されてないが、そのような状況になれば国が地方に財政支援を行うという見方がされることがある。そのとおりであるとすれば、破たんさせないことがぬるま湯のイメージに直結することは理解できる。しかし、暗黙の政府保証などといわれるものは存在しない。国が地方自治体を支援する仕組みは法律的にはないが、政府は地方自治体は破たんしないと説明してきた。それに対して、いざとなればなんとかするということだと早計すると、暗黙の政府保証があると誤解してしまう。

わが国の地方自治体が、基本的に、債務調整なしに自力再建が可能であるのは、前提として、事務配分にふさわしい一定の財源を国が提供していることはあるが、それでも財政状況が悪化する地方自治体が出現するなかで、国はそれ以上の財政支援をせずに、自治体財政健全化法の枠組みのなかで強制的に自力再建のための財政健全化のルールを適用するからである。つまり、自治体財政健全化法の枠組みには基本的に抜け穴がなく（健全化判断比率は良好であるのに、実態として財政状況が悪いといったことが生じないという意味）、早期健全化なり財政の再生となる基準が、債務調整を申請せずとも自力で財政健全化を果たせる範囲に設定されている限り、債務調整は必要ないことになる。

自治体財政健全化法の前身である地方財政再建促進特別措置法にはいくつかの大きな穴があり、その見直しが必要である状況で、破たん法制の導入という投げかけられ方が政治的に行われた。しかし債務調整という意味での破たんの導入は、むしろ適切ではなかった。そこで紆余曲折は経たものの、新たな再生法制である自治体財政健全化法は破たんしない仕組みとして設計された。

## 地方公営企業会計の改革と法適用の拡大

地方公営企業会計は民間会計基準に準拠した改革が行われたが、前述したように、それによって財政診断そのものが基本的に変わるわけではない。自治体財政健全化法によって、資金不足比率をもって財政健全化の枠組みが適用されることになっており、地方公営企業の会計基準の見直しによる資金不足比率等の影響は最小限に抑えられたことがそれを示している。法適用の拡大についても同じであり、法適用の拡大による資金不足比率への影響は、少なくとも悪い方向にはない。

自治体財政健全化法は、地方公営企業を含む全会計の資金不足を集計して、連結実質赤字比率を算定する仕組みである。その際に、現金主義会計である一般会計と、地方公営企業法の財務規定を適用していない公営企業会計をどのように連結するかという問題がある。地方公営企業は、財務規定を適用していなくても、その健全性は基本的に料金で費用を回収できるかという、発生主義会計の利益概念に近いもので診断せざるをえない。そこで、一般会計以外の現金主義会計による特別会計については、資金不足が生じていても、そこに解消可能資金不足を適用することとしている。解消可能資金不足額の代表的な定義は、企業債の元本償還額の累計額から減価償却費の累計額を控除したものである。すなわち、資金不足が生じていたとしても、元本償還額が減価償却額が上回っている部分は、後年度の解消が可能であるという意味で、資金不足額から控除してもよいとされた。いい換えれば、元本償還額ではなく、減価償却費相当分だけを費用として解消していれば健全であるとみなすということである。現金主義会計と発生主義会計で、もっとも大きく違っているのが、元本償還と減価償却費の違いであることから、解消可能資金不足額を適用するとは、すなわち現金主義会計の資金不足額を、発生主義会計の利益概念に近似させる意味がある。

このように考えれば、自治体財政健全化法の資金不足ないしは連結実質赤字の考え方では、一般会計については資金不足そのものであるが、一般会計以外については利益概念に近似させていることで、一般会計とそれ以外で健全性について異なる考え方を適用したことになる。その意味で、自治体財政健全化法では、一般会計以外については、発生主義会計の考え方を部分的に取り込んでいる。その点は、健全化判断比率の将来負担比率についても同じであり、将来負担の算定は、退職手当負担見込み額など、発生主義会計の考え方を必要に応じて取り込むことで、財政健全化の仕組みとして機能するように配慮されている。

## 第三セクター等の破たん処理

破たん法制の検討において、最終的に債務調整を盛り込まない自治体財政健全化法を成立させる代わりに、法人格が地方自治体とは異なる、地方三公社や第三セクター等、および同一法人であっても住民生活に密着するサービスを提供しない地方公営企業については、財務状況の改善が見込まれない場合には、破たんさせることとした。それが第三セクター等の抜本改革である。自治体財政健全化法の本格施行から5年間に、第三セクター等の解散・整理を前提に、抜本改革のための枠組みとして第三セクター等改革推進債の発行を可能とした。

そうした改革が可能であった背景に、第三セクター等がもたらすであろう将来の財政負担が、将来負担比率のなかで基本的に反映させられ、指標として公表されたことがある。どれほどの財政負担が生じるかがみえない状態で破たん処理を進めることは、住民や議会に理解を得られにくい。もっとも、将来負担比率のなかで、出納整理期間を利用した短期資金の借り換えで赤字を消す一種の操作など、赤字や負債であっても将来負担比率に反映されないものがまだ残されており、そのことは財政指標の改善の課題として残されている。また、将来負担比率と実質公債費比率の指標の水準に整合性があるかどうかの検討も、今後なされていくべき課題である。

## 起債制限にかかる統治と自治のバランス

地方財政法に基づく地方債の発行制限の歴史は昭和30年度からと長く続いていたが、現在は、協議制度への移行時に整備された地方債同意等基準に基づき、許可制度か協議制度、あるいは事前届出制度の3段階に振り分けられている。先述のように、適債性がある起債であるかどうかを政府が確認する必要がある限り、政府がまったく関与しないことはありえない。地方財政計画を策定してマクロの財源を確保するためにも、それは必要である。

それでは、財政状況に応じて許可制度か協議制度かなどの段階を設ける必要があるかどうか。協議制と事前届出制は、手続きの違いであって、事前届出制は手続きが簡素であって、発行時期に関するフリーハンドが広がるという意味でメリットはあり、国の関与がさらに薄くなるという意味での違いがある。それに対して、許可制度の場合には、実際に発動するかどうかは別としても、不許可の判断ができるという違いが大きい。そのように考えると、地方自治法に基づく起債制限は、自治体財政健全化法に基づく健全化措置の前段階での、財政悪化への予防的措置という位置づけである。

自治体財政健全化法は不可欠であるとしても、それ以上に予防的措置が必要であるかどうか。地方分権という意味でそこまで国が関与する必要があるかどうかは難しい判断である。事前届出制の導入は、財政状況のより健全な団体に対する国の関与をさらに薄める意味があった。それに対して、財政状況が芳しくない地方自治体はついては、国は起債制限の手段を留保したかたちになっている。まさに自治体財政健全化法に対する補完的な手段である。

## 4　今後の開発事業の推進に関して

### 公共事業自体は悪ではない

このように、財政健全化の枠組みが構築されているなかで、今後の開発事業はどのように展開されていくべきであろうか。近年でこそ、公共事業に対する批判が高まり、その削減が猛烈なペースで進められてきた。公共事業が一種の政治的利権として存在し、無駄な公共事業に歯止めがかからないという側面は確かに現象として観察された。小泉流の構造改革はそうしたものを一掃する機会として意味はあったといえるが、公共事業自体がすべて不要となったわけでもなく、ましてや悪でもない。今後は、開発事業をいかに進めていくかについて冷静な議論が必要となる。

都市は開発事業を機動的に展開しなければ劣化し、住環境の低下を招く。衰退都市からは人口が減少し、特に富裕層が逃げることで税収が落ち込み、開発事業への財源をねん出することが難しくなり、都市の老化に拍車がかかることとなる。衰退都市の負のスパイラルを断ち切ることは重要である。一方、農村においても住環境を整え、教育環境を整備することが、人口減少を抑制するうえで重要な政策となる。大規模災害を目の当たりすると、防災対策としての治山、治水、津波対策の必要性が浮上する。産業振興の観点からみても、情報インフラをはじめ、交通インフラ、空港、港湾、道路整備などは依然として重要な政策である。

そのような開発事業の展開に伴って、地方自治体が執行する投資的経費に対して、どのような財政措置を行うかは難しい課題である。財政需要を客観的に捕捉することに技術的な困難を伴うからである。経常的経費では、法制度に基づいて財政需要額がある程度確定するものが多いが、投資的経費では、結局のところ、国が作成した整備計画に沿って執行する際に必要な額を財政需要として捕捉することになる。その際の国の政策方針が、後年度から振り返って、間違った政策であると評されるときに、無駄な公共事業を行ったと批判されることになる。政策が批判されることはやむをえないとしても、投資的経費の執行のための財政措置として、地方交付税を用いた場合に、手段にすぎない地方交付税が批判の対象となるのはいかにも表面的な言説といわざるをえない。

## 事業費補正方式を必要以上に批判すべきではない

先述のように、投資的経費を財政需要として捕捉して、地方交付税を通じて財政措置をする場合に、その手法はいくつかあるとしても、事業費補正方式がもっとも妥当な方法である。経常経費に対する基準財政需要額の算定と方法が異なっているという理由で、本来の地方交付税とは異なる運用であるとみるべきではない。算定方法の違いは、そもそも経常経費と投資的経費の性格の違いに由来するからである。

小泉構造改革の時代には投資的経費全体が批判され、事業費補正方式の圧縮が強く要請された。近年では、小泉内閣の平成14年度に一度大きく圧縮され、民主党政権下の22年度にもさらに圧縮された。そうした制度改革が妥当であるとすれば、それはまさに投資的経費の執行を抑制することが、優先的な政策方針であったからである。しかしながら、投資的経費の執行を進めるときになると、事業費補正の圧縮はいずれ解除せざるをえない。たとえば、仮に補助事業としてのダム事業を執行する必要があるときには、元利償還金を事業費補正のかたちで、事業主体となる地方自治体の財政負担を軽減することは必要かつ妥当である。財政負担が大きいので軽減する必要があるだけでなく、事業主体は河川の上流に位置する地方自治体であるが、ダムによる治水事業による便益は、洪水防止という意味では下流の地方自治体に、用水確保という意味では水の供給を受ける広域にわたる地方自治体にそれぞれに便益があり、そうした財政学でいう外部便益に対して、国税を投入するという意味で普通交付税の基準財政需要額に算入することは妥当な措置である。ダム事業そのものが本当に必要なのかという政策判断の妥当性は常に問われるが、手法そのものは問題ない。

事業費補正だけでなく、公共事業補助金の補助率のかさ上げである後進地域特例も、税収に乏しい地方自治体が事業を執行するうえでは有効である。このような方式は災害復旧の財政措置を起源に、次第に拡充されてきたものである。災害財政のスキームが理解されるならば、後進地域特例や事業費補正方式を根本的に否定することはできない。繰り返すが、そこで問われるのは手法の是非ではなく、対象となる事業の内容とその規模に関する妥当性である。

## 特定地域に対する優遇措置は理解される

近年では時代の雰囲気が変わったとみえて、特定地域における投資的経費の執行に対する優遇措置はそれほど問題視されない。その代表例が、10年間の時限立法で更新されてきた過疎法である。近年では、過疎地域の地域振興となると政治的な支持が集まる。過疎対策事業として投資的経費の執行が相当程度進み、整備水準が上がったなかで、近年では、さらにソフト事業として、従来は投資的経費に区分してこなかった分野についても過疎対策事業債の対象とする運用が始められている。建設公債主義は地方財政においては非常に重要な原則であり、全体的に見て規模がそれほど大きくないとはいいながら、例外を認めることに警戒感をもたざるをえない。

また、沖縄振興特別措置法では、従来からあった後進地域特例の沖縄版の仕組みを維持しつつも、一括交付金化することで使い勝手を良くし、ソフト事業に対しても財源措置を優遇している。確かに、離島振興などの沖縄特有の地域課題に対して、この制度は効果的に機能するところがあり、一定の政策効果が認められる。量的に充実しているだけに、今後も沖縄振興に効果的に活用することが求められている。もっとも、潤沢な財源は常に的施な執行との両立が難しい。政治状況が変われば、優遇措置に対する評価は突然１８０度変わることもある。適正な執行がされていなければ、そのときに手酷い批判を浴びることになることを忘れてはならない。

さらに、東日本大震災の財政措置は、阪神・淡路大震災までの過去の大災害で拡充されてきた財政措置を一気にグレードアップした感がある。これも復興増税というかたちで国民の後押しを得られたという点で妥当なものといえる。あってはならないことだが、次に同規模かそれ以上の災害が起きたときに、どこまで財政措置が可能かについては検討しておかなければならない。

特定地域の優遇措置については、それぞれ妥当性は十分あるものの、一般的な地域の公共事業がなお抑制基調であるのに対して、ややバランスを欠いている懸念がないわけではない。今後、一般的な地域の投資的経費に対する財源措置のあり方が、事業費補正の適切な拡大を含めて検討せざるをえない。

地域振興の諸施策やふるさと納税などの原型そのものでない仕組みを拡充させていったときに、常に怖いのは、それを後押しする世論が消えたときである。いったん反動が起きると、該当する施策をひっこめるだけでは不十分とばかりに、本来、なくすべきでない施策まで取りやめざるを得なくなる。やりすぎるとかえって禍根を残す、そのことは常に念頭に置いておきたい。

### 第三セクター等に対するリスク管理

地価が無条件に右肩上がりであることを前提にしてもよかった時代には、土地開発公社は、地方自治体の信用力で資金を確保すれば、値上がり利益を確保できるビジネスモデルであった。逆に地価が右肩下がりになると、今度は含み損を実現することを怖れて売るに売れない塩漬けの土地を生み出してしまっている。しかしながら、地価が全体的に上がらない時代であっても、開発事業に成功すれば値上がりが期待できる。地方自治体がリスクをとって土地開発公社の借入に債務保証することが間違いとまではいえない。

同様に、第三セクター等についても、手がけた事業の収益が順調にあがることが無条件に期待できるほど経済状況はよくはないが、成功するビジネスがまったくないわけではない。地方自治体が損失補償契約をしないで済むならばそれに越したことはないが、損失補償を設けることで資金調達が容易になり、かつ調達コストが下がり、それをすることで損益分岐点を超えることもないわけではない。そこでも地方自治体が、損失補償契約というリスクをとることが間違いとはいえない。

平成25年度までに期限が切られていた第三セクター等の抜本改革は、過去、どちらかといえば安易に事業展開してきた結果、経営状態が行き詰まり、財務状況の改善が見込まれない地方公営企業を含む第三セクター等について、清算・解散を前提に債務保証や損失補償を実行し、損切をすることで決着をつけるものである。手痛い損害を背負い、住民の税金で埋めざるをえない地方自治体が、開発事業に対して臆病になるのはある意味で当たり前のことである。

しかしながら、損失補償は違法というわけでもなく、成功すると見込まれる開発事業については、踏み込んでいかざるをえないことは十分にあり得る。そこで必要なのは、リスクを負わないとすることであるよりも、リスクを負うとしてもその管理ができるように事前にゴーイングコンサーン（持続可能性）の判断基準を決めておくことである。

1つの方法は、損失補償をしない代わりに、第三セクター等に対して、あらかじめ議会の予算議決を通じて長期貸付や出資金を交付しておいて、その範囲で、事業展開をしてもらい、財務状況が悪化しても長期貸付や出資金の放棄の範囲でとどめて、それ以上、地方自治体が財政負担を負わないようにすることがある。もう1つの方法は、損失補償額の上限を定めておいて、それに達した時点で、事業停止などの条件を事前に決めておいて議会の理解を得ておくこともある。いずれにしても、地方自治体が負う財政負担が無限に広がらないように、あらかじめ、上限を決めておくことが必須の条件である。あるいは、将来負担比率の算定において、第三セクター等の財務内容が悪化したことで、将来負担比率への算入額が増大した場合に、債務履行義務が確定したときに備えて、所要の引当金相当額を基金に積み立てることも有効な方法である。基金造成の予算措置として議会の議決を通じて、議会の承認を事前に取り付けることができる。

地方公営企業は、地方自治体という1つの法人格における活動であって、そこで生じた財政負担は、定義上、税金等でカバーすることになる。それに対して、第三セクターや地方三公社等は、本来、法人格が別であるので、財政負担が設立した地方自治体に自動的に及ぶことがない。しかし、債務保証や損失補償を行えば、財政負担が設立した地方自治体に及ぶ。そこで、事前に議会の了解を得たうえで、設立した地方自治体が負うべき財政負担の上限を決めておくことが、第三セクター等を通じてリスクをとって事業を行う最低限、必要な条件ということになる。その財政負担の負い方は、損失補償もあるが、貸付金や出資金というかたちもあり得る。設立した地方自治体が財政負担を行わないかたちが可能ならばそれに越したことはないが、その場合、事業コストがあがって、住民負担が増えるという側面も否定できない。それゆえに損失補償等を全面的には否定できない。

第三セクター等の政策手段は、開発事業の手段として、地方自治体にとって依然として重要である。開発に伴う財政リスクをコントロールすることが、第三セクター等による開発事業を行う絶対の条件である。当然のことながら、重い政治責任を伴うものであるといえる。

### 公共施設やインフラの維持管理

総務省は平成26年度に入って、地方自治体に対して、公共施設等総合管理計画の策定を要請している。その内容は、保有する施設について、老朽化の状況や利用状況をはじめとした公共施設等の状況、総人口や年代別人口についての今後の見通し、公共施設等の維持管理・更新等にかかる中長期的な経費やこれらの経費に充当可能な財源の見込みについて捕捉し、老朽化対策を推進すると同時に、国のインフラ長寿命化基本計画に沿った対策を講じるというものである。また地方財政措置として、計画策定に要する経費について3年間にわたり特別交付税措置（措置率は2分の1）と、計画に基づく公共施設等の除却について地方債の特例措置を設けている。

それらに対応するためには、投資的経費を拡充するとともに、施設の更新化にあたっては、少子化と人口減少社会を想定したダウンサイジングを心掛ける必要がある。同時にインフラについては、安全性や耐用度を診断して、維持補修を行うことで長寿命化を図ることが求められている。

インフラの維持管理が住民生活を守るうえで重要であることは論を待たないが、それを地方自治体が独自に取り組むに任せるのではなく、重要とされる政策課題について中央政府が指針を設けて、その下で地方自治体に計画策定を要請し、地方財政措置を設けているのは、わが国の国と地方が、共同して政策課題にあたるという関係を象徴するものといえる。

# 第2部

# 平成以来、改革の四半世紀を越えて

# 第5章　地方分権改革の来し方行く末　西尾勝氏の所見を基に

## 1　西尾資料に学ぶ地方分権のあゆみと論点

平成25年9月に、地方分権改革有識者会議では、有識者からのヒアリングのなかで、西尾勝東京大学名誉教授・(公財)後藤・安田記念東京都市研究所理事長・地方公共団体情報システム機構理事長の意見を聴取している。本章では、その際に提出された西尾氏の資料に依拠しながら、平成5年の地方分権改革推進の国会決議以来、20年間にわたる地方分権の動きを振り返り、筆者の見方について述べる。

西尾氏の提出資料では、「はじめに」に引き続き、「地方分権改革の総括」として8項目をあげている。資料に沿ってその文脈を探っていくこととする。

**Ⅰ地方分権改革の総括**

**1　1993年の国会による地方分権推進決議から始まった地方分権改革は、1980年代以降の行政**

**改革の流れと1989年のリクルート事件に端を発した政治改革の流れとが合流した時点に、新たな政治課題として浮上した。この背景のもつ意味は重い。**

地方分権の推進は、長く地方関係者の宿願であり、地方制度調査会など地方行財政制度を検討する場では常にテーマとされてきた。補助金の超過負担問題を糾弾した摂津訴訟（昭和48年）や、美濃部達吉東京都知事が、地方財政法が定める起債制限を憲法違反であるとして提訴しようとした東京起債訴訟（昭和52年、都議会の否決により訴訟を断念）など、地方分権に関する重要な意味をもつ訴訟があるように、強大な国に対して地方自治は財政面でも行政制度の面でも侵害されているという認識が地方関係者の間では一般的であった。戦後、地方分権国家として出発したはずであったが、高度経済成長を経て経済構造が変化するなかで、わが国はむしろ中央集権的であるという見方がされるようになった。そのなかで、地方制度調査会や地方財政審議会などは、懸命に地方分権の推進を訴えるものの、それが現実の大きな制度改革に結びつく機運はあまりなかった。地方分権は、いわば業界内だけの悲願であった。

そうした流れが変わるのは、第2次臨時行政調査会に始まる行政改革の流れと、自民党単独政権が長期間続くなかで鬱積した政治不信を背景とした政治改革の流れである。後者は国の役割を小さくして地方に移す、国から地方への流れを志向した。西尾氏の指摘にもし付け加えることがあるとすれば、1980年代の終わりに東西冷戦構造が崩れて、市場主義のイデオロギーが広がったことがある。松本英昭「地方分権論議のターニング・ポイント」（『地方自治』５７８号、１９９６年１月号）では、平成2年に入って地方分権改革の動きが一気に加速した新たな展開について、「従来、どちらかと言えば一部を除いて地方分権にはあまり関心がないと思われていた経済界が、地方分権を政治改革、規制緩和と並ぶ改革の柱として位置付け、その推進を図ろうとする動きが高まってきたことが大きな力となったことは、しばしば指摘されている」と述べている。そのあたりが時代の潮目の変化といえる。

経済界が地方分権推進を主張することで、地方分権改革が前進する流れができた。平成5年の地方分権推進の衆議院・参議院両院での国会決議は、そうした大きな流れに国会議員が与野党を問わずに（したがって、いささか同床異夢で）賛成した結果であるといえる。国会決議の直後、与党自民党の分裂によって宮澤喜一内閣の内閣不信任案が成立し、自民党単独政権が崩壊し、細川連立政権が誕生している。そうした国会の不安定な政治状況のなかにあっても、地方分権の推進だけでは国会議員は一致できたわけである。いい換えれば、大きな制度改革が本当に実現して、国と地方の役割が劇的に変わることは、国会議員としても想定していなかったということではないか。すぐには実現しない理想論であるから一致できたというのは、穿った見方だろうか。

行政改革や市場主義のイデオロギーが地方分権推進のエネルギーとなったことで、地方分権改革の実現が視野に入ってきたとはいえ、それらは地方分権改革がめざすべき本来の方向とは一致しない。

したがって、そうした方向性の違うエネルギーを取り込みながら、めざすべき改革の成果を積み重ねるという難しい戦略をとることに迫られることとなった。西尾氏が、ヒアリングの最後で、地方分権改革の推進ではこれまでの成果を実らせる方向にとどめて、さらなる制度改革については早急に進めるべきではないと述べているのは、方向性の異なるエネルギーを利用した改革の推進に限界がみえてきたことの裏返しであるように筆者には感じられる。

## 2　第1次分権改革とその後の動き

第1次分権改革の方向性

2　地方分権推進委員会は、地方6団体から寄せられた改革要望事項の実現を目指して関係各府省と濃密な折衝を重ね、関係各府省との合意に達した事項のみを勧告事項とすることを基本方針にしていた。そのため、勧告事項が住民自治の側面の拡充よりは団体自治の側面の拡充を図る事項に偏るとともに、所掌事務拡張路線に属する事項よりは自由度拡充路線に属する事項に偏る結果になったと同時に、多くの課題が未完のままに残された。

3　シャープ勧告・神戸勧告に始まる戦後の地方制度改革では、国・都道府県・市町村の間の事務配分および税財源配分の見直しと、事務委譲の「受け皿」を再編成する町村の合併、特別市制の実現、道州

**制の実現が繰り返し論じられ続けた。すなわち、所掌事務拡張路線に属する改革が一貫して指向され続けていた。これに対して、機関委任事務制度の全面廃止、行政的な関与の縮小・緩和とその定型化を中心にした「第一次分権改革」は、自由度拡充路線に属する改革を基調としたものであって、地方分権改革論議に新しい地平を開いた。**

西尾氏の指摘は、本書の第1部の内容にオーバーラップしている。昭和24年のシャウプ勧告とそれに基づいて設けられた地方行政調査委員会議による答申（通称、神戸勧告）は、地方の事務配分を厚くするとともに国と地方の事務配分を分離することで、地方自治を確立させようとした。しかしながら、占領統治が終了したこともあって、神戸勧告が示した事務配分の分離は実現せず、国や広域地方自治体、基礎自治体が重層的に事務処理を行う融合型の事務再配分となった。そのことが、国が地方に関与する余地を広げ、わが国において地方分権が半ば永久運動のように展開することを運命付けたといえる。昭和23年の地方財政法は、国と地方の負担区分の原則を定めたものであるが、そこでは重層的な事務配分を前提に、国と地方の利害の強さに応じた負担配分を原則としている。シャウプ勧告の直後は、勧告が事務配分の分離を前提に国庫負担金の廃止を打ち出したことを受けて、負担区分の原則を表す条文は停止されたが、占領統治が終わって義務教育費国庫負担金が復活するに伴って、条文を改正して現在のものになっている。

その後、第4次地方制度調査会では、戦後、地方自治体化した都道府県を再度、国の機関としての性格を付与して、国と地方の中間的な性格を有する組織に見直そうとする案が浮上した。当時も、その案に対する抵抗感は多く、最終的に実現することはなかった。その動きは、戦後改革に対する反動のように理解されることも多い。とはいえ、地方分権改革にあっては、表面化こそしないものの、その後の地方制度調査会の審議内容をみれば、都道府県の性格付けをめぐって微妙なせめぎあいが続いていたことを感じさせる。地方自治法上、設けられていた特別市の規定の適用例をみないまま廃止し、政令指定都市としたこともその表れである。

西尾勝『自治・分権再考』（ぎょうせい、2013年）では、地方分権推進委員会の第2次勧告において、平成の合併のきっかけとなった合併特例法改正につながる合併推進を勧告したのは、与党・自民党から、機関委任事務の廃止によって都道府県や知事の権能が高まり、国・地方関係の「中二階」が強化されることを憂慮し、都道府県から市町村への事務権限の移譲を行うとともに市町村合併を行うことなどを求める声があり、それに押し切られたかたちであったと説明している。いずれにしても、地方分権推進委員会による地方分権改革は、地方6団体間で意見と利害の対立を生じないものに限定するとしたが、そのなかでの例外が、与党がその実現を強く求めた市町村合併であったということになる。その点は、第6章で改めて取り上げる。

## 第１次分権改革で残された課題

**４　「第一次分権改革」で将来に「残された課題」は、地方分権推進委員会の『最終報告』の最終章で、以下の６項目に整理されている。すなわち、①地方税財源の充実確保、②法令等による義務付け・枠付けの緩和、③事務権限の移譲、④地方自治制度の再編成、⑤住民自治の拡充、⑥「地方自治の本旨」の具体化である。地方分権推進委員会としては、当面は①と②の自由度拡充路線に属する改革を続行し、その上で③と④の所掌事務拡張路線に移行することを期待していたと言える。①と②は自由度拡充路線に属するもの、③と④は所掌事務拡張路線に属するものである。**

地方分権推進委員会は、機関委任事務廃止を柱とする地方分権一括法を成立させ、その後の進捗状況を監視したのち、平成13年に解散するにあたっての最終報告において、残された課題として６項目をあげている。このうち、①②は自由度拡充路線であり、相互に補完しあう内容となっている。それに対して、③④は所掌事務拡張路線であって、これもまた相互補完の関係にある。西尾前掲書では、地方分権推進委員会は、地方６団体からの「球出し」を推進力に、関係各府省を説き伏せることに成功したものだけを勧告することとで、実行可能な勧告を行うこととした経緯を説明している。その結果、国と地方自治体の対立あるいは広域地方自治体と基礎自治体との対立を招くことが必定である「所掌事務拡張路線」を優先的に取り扱わずに、地方への事務配分の現状等を前提にして、一種の規制緩和にあたる「自由度拡充路線」を先行させることとしたと説明されている。６項目の①～⑥は、それ自身が達成すべき順序を示すものであった。

**最終報告のシナリオどおり進んできた?**

**5　その後の推移を見ると、小泉内閣が政治主導で進めた「三位一体の改革」は上記①の実現を目指したものであったが、残念ながら、所期の意図に反する結果になって挫折した。そして、2006年に設置された地方分権改革推進委員会は上記②の法令等による義務付け・枠付けの見直しに取り組み、その勧告は民主党政権にも受け入れられ、この課題への取り組みは内閣府地方分権改革推進室の下で今日まで継承されている。そのかぎりにおいては、地方分権推進委員会の『最終報告』が提示したシナリオどおりに進んできているようにも見える。**

西尾氏の資料では、その間の事情はごくさらりと述べられているが、実際の経緯はいささか複雑であった。地方分権推進委員会での勧告を受けて、地方分権一括法が成立し、機関委任事務が廃止されたことは大きな改革であった。国の地方への関与のあり方の変化を通じて、上意下達から対等協力の関係に変わったことは画期的なことであったが、地方からみれば、国からくる文書が法的な解釈権を含む強制力をもった権力的な関与としての「通達」であっても、法的拘束力の小さい非権力的な関与としての「技術的な指導」であっても、国の意向に対して異議を申し立てようとしない限りは、実態としてそれほど大きな違いはない。その当時もまた現在も言われることであるが、地方関係者の発言として「分権、分権といっても財源が増えなければ意味がない」というのがある。関係者の実感としてまことにもっともである反面で、これほど地方の関係者の地方分権に対する無理解を示した言葉もない。地方分権とは、必ずしも事務権限の増加を示すものではない（所掌事務拡張路線だけが地方分権改革でないことは、西尾氏が特に強調していることである）。財源の充実は、事務権限の増加がなければ必ず伴うべきものではない。先の言葉は、ある意味で、財源さえ増えれば地方分権であろうと何であろうとかまわないとも読めば、地方分権への無関心さが期せずして表れたものといえば酷であろうか。

いずれにしても、地方分権一括法成立後のポスト第1次分権改革では、地方財源の充実強化が課題であるという期待が、地方関係者に高まった。地方分権推進委員会の後継機関とされたのは、地方分権改革推進会議であった。しかしながら、そのときには、地方分権を取り巻く状況は大きく変わっていた。各府省は地方分権一括法が実現したことで、地方分権改革に対する警戒感を強くし、以前に増して地方分権に対して抵抗感を強め、霞ケ関のなかであたかも自治省包囲網ができるような状況のなかで、地方分権改革推進会議が発足した。そして三位一体改革に関する意見書では、小泉首相が税源移譲を実現する意向を経済財政諮問会議において表明しているにもかかわらず、税源移譲にはまったく後ろ向きであるだけでなく、地方交付税の財源保障機能を否定する内容の提言を行い、当然のことながら、地方関係者の猛反発と怒りを買うこととなった。

三位一体改革は、経済財政諮問会議で検討され、官房長官が取りまとめ役となって取り組まれることとなった。また、後になって、廃止・縮減の対象とする国庫補助負担金の候補を地方6団体が取りまとめて政府に提言する枠組みをとったことで、国庫補助負担金の改革が現実味を帯びることとなった。またそのことで国と地方の協議の場が設けられ、後に民主党政権となってから法定化されることとなった。

ところで、三位一体改革とは、国税から地方税への税源移譲と、国庫補助負担金の廃止・縮減、地方交付税の圧縮を一体的に行うことであった。これは、税源移譲を行うことで国の財政当局が譲歩し、国庫補助負担金の廃止で各省の政策手段を弱め、地方交付税の圧縮によって総務省・地方関係者が痛みを受けるという三方一両損の構図となっていた。小泉内閣では、聖域なき改革として歳出の圧縮を進めていたので、地方財源の圧縮は不可避であったが、それへの代償として地方分権改革における宿願である税源移譲を実現させ、あわせて国庫補助負担金を一般財源化することで財源の質を高めるというねらいがあった。

一方、地方関係者の間で、税源移譲という言葉に対して、筆者の見立てでは、「過度な期待」が集まったところがある。地方交付税は総務省が所管する財源であり、地方自治体からみれば国から頭を押さえられているような印象が伴う。それに対して税源移譲ならば、地方の自主財源であるので、地方の自由度が増すことから、税源移譲をぜひ実現してほしい、というのである。そこには税源移譲が実現すれば、地方財源が増えるという淡い期待があったように思われる。しかしそれは大きな誤解であって、税源移譲は依存財源から自主財源への転換という意味で地方財源の質の向上にはなっても、税源偏在を通じて財源総額の縮小要因にはなりえても、拡大にはならない。その時点で、すでに地方関係者が望む財源の充実とは異なる方向であった。

はたして、三位一体改革では、国庫補助負担金の廃止・縮減は４兆円、税源移譲は３兆円であって、差し引き1兆円の純減となるとともに、平成16年地方財政ショックでは、交付団体ベースの一般財源が、大幅に圧縮され、地方自治体の財政運営に決定的な影響を与えた。その結果、地方関係者は大いに失望し、三位一体改革では税源移譲が実現したにもかかわらず、それを打ち消すほどの否定的な印象が残った。西尾前掲書では、三位一体改革については、失敗と挫折と表現している。

さらに重要なことは、国庫補助負担金の見直しでは、一般財源化されたものは公立保育所の運営補助金など、ごく一部であって、そのほとんどが事業の廃止に伴う縮減や、実質的には補助率の引き下げに伴うものであって、歳入面での自由度拡大につながるものは４兆円のなかでごく一部にとどまり、地方分権に資するものではなかった。さらには、一般財源化が実現した公立保育所の運営補助金の見直しは、地方自治体の保育所担当者にはおおむね不評であり、一般財源化されたことで予算確保が難しくなったという認識が広くされ、改革の成果をまったく評価しない向きもある（廃止された国庫負担金については、普通交付税の算定において、その分が正確に一般財源化され、基準財政需要額を引き上げていることが普通交付税の説明資料のなかで明示されている）。

小泉内閣は、最後の骨太方針である基本方針２００６で、さらなる地方分権改革を進める方針を示している。それに先立つ竹中総務大臣による地方分権21世紀ビジョン懇談会報告書では、義務付けの廃止によって地方交付税の財源保障水準を引き下げるといった構想があり、それが安倍内閣（第1次）で発足した地方分権改革推進委員会が義務付け・枠付けの見直しを主として取り組む契機となった（その構想は、筆者は間違っていると考えている。地方財政計画の歳出とは事務配分に対する財源所要額の見積もりであり、義務付けのあるものだけを財源保障すればよいという発想は、地方自治の趣旨とは相容れない）。地方分権21世紀ビジョン懇談会の考え方には、そのほかにもさまざまな問題があり、それについては本章では言及する余裕はないが、それが義務付け・枠付けの見直しを進めたことで、結果的に地方分権推進委員会の最終報告が示した順序に沿った改革が進むかたちとなった。

地方分権改革推進委員会は、第1次から第3次勧告のなかで、義務付け・枠付けの見直しの基礎となる提言と県から基礎自治体への権限移譲を勧告したが、自公政権から民主党政権への政権交代が生じるなど、政治状況が安定しなかったこともあり、第1次改革の際のように各府省との合意を前提にはしなかったほか、そもそも改革の課題を頬張りすぎた印象があった（西尾氏は、同委員会での検討課題が定められた後に、増田寛也委員の大臣就任を受けて途中から参加）。勧告の内容を法案化にこぎつけることなく解散した。第4次勧告で税財源に関する勧告は行ったが、同委員会としての実質的な審議なしに勧告分だけを了承するといった異常な事態のなかで形づくりをしたものにとどまっている。

政権交代後、民主党政権は、当初は意気盛んに、自公政権以上に力強く地方分権を進めようとした。政権交代の直後に地方分権改革推進大綱をまとめ、前政権から引き継ぐ地方分権の課題として、義務付け・枠付けの見直しなどの実現をめざした。地方分権への意気込みがあまりにも強かったためか、地域主権という表現をしたが、筆者からみれば、思いが先走ったいささか安易な言葉の使い方であった。参議院議員選挙で民主党政権が過半数の議席を失った後のねじれ国会では、地域主権改革という表現を修正することで、法律成立に向けての協力を野党・自民党に取り付けることにもなった。義務付け・枠付けの見直しは、自公政権時代からの課題であったこともあり、第１次・第２次見直しは第１次・第２次一括法等により実現し、第３次・第４次見直しについては政権再交代後に第３次一括法等により実現した。そのほか、民主党政権では、国・地方協議の場の法定化や、直轄事業負担金の維持管理分の廃止など、自公政権からのいわば継続課題については実現した。その一方で、民主党の独自政策については、その多くは実現しなかったか、または自公政権復帰後に廃止されている。

その一方で、西尾前掲書では、民主党政権における義務付け・枠付けの見直しの成果について高く評価している。地方分権改革推進委員会の勧告に照らすとおよそ半数が見直されているが、各府省がそもそも賛成しないものがほとんどであるなかで、そこまで見直しが進んだのは、民主党政権では、大臣以下の政務三役が先頭に立って官僚組織を説得したからであり、それは政治家主導による改革の成果と評価してよい。仮に自公政権であれば同じことをしたとしても、見直しが実現した割合は2割程度ではなかったかと述べている（民主党政権が成熟して族議員ができていれば、もっと低い割合であった可能性もあるとしている）。

以上のように、地方分権推進委員会の最終報告のシナリオに沿って改革が進んできたわけであるが、それは様々な偶然の重なりによるところが多く、少なくとも最終報告の趣旨が十分浸透し、それに沿うことが望ましいというコンセンサスがあってのことではない。

## 3　迷走気味の地方分権改革

所掌事務拡張路線に進むことの問題

6　しかしながらその一方で、「三位一体の改革」の挫折以降には、小泉内閣の末期の経済財政諮問会議が「歳出歳入一体改革」を実現する一方策として国の「出先機関の原則廃止」を打ち出し、続く第一次安倍内閣では道州制ビジョン懇談会が設置され、全国知事会は国から都道府県またはその広域行政機構・広域連合への事務移譲を強く要請するようになった。そして、指定都市市長会は指定都市を都道府県から独立させる特別自治市構想の実現を要請するようになった。要するに、国の側も自治体の側も、

**急速に、所掌事務拡張路線に属する改革へと舵を切り始めているのである。地方分権改革が混迷し始めた最大の原因はこの点にある。**

**7　所掌事務拡張路線に属する改革は、国と自治体の間の意見対立、都道府県と市区町村の間の意見対立が先鋭化せざるを得ない改革である。それだけに、この路線に属する改革を進める際には、殊更に慎重かつ綿密な検討が求められる。にもかかわらず、戦前から繰り返し浮上しては消える特別市構想や都制構想、そして道州制構想は、いつまでたっても素朴な着想の域を出ない。これを実現すれば、あらゆる懸案事項を一挙に解決できるといった万能薬のような制度改革構想など存在しないのである。**

この箇所では、西尾氏は明確に、基本方針２００６に収められた歳出・歳入一体改革を契機とする国の地方支分部局の見直しや、その後の安倍内閣（第１次）で設けられた道州制の検討について、所掌事務拡張路線への先祖返りとして大いに警戒感を示している。地方分権推進委員会は、地方分権改革の成果を積み重ねるうえで、伝統的な地方分権改革における所掌事務拡張路線を避け、注意深く自由度拡充路線に沿って改革を進めてきた。しかし、小泉構造改革の最終段階以降、ほかならぬ全国知事会や政令都市市長会などの地方関係者からも所掌事務拡張路線をめざした改革論が強く打ち出されることとなった。そのことを、西尾氏は「地方分権改革の混迷」とまで指摘している。思えば、三位一体改革の際に、全国知事会は闘う知事会と称して、国庫補助負担金改革など地方分権の推進に消極的な各府省と対峙する姿勢をとった。その当時に活躍した改革派知事も次第に顔ぶれが変わり、自公政権の終わりから民主党政権になると、全国知事会は各県の知事が思い思いに改革案を打ち上げる場になってしまった印象がある。全国知事会が内国統治の秩序を支えるといった昔ながらの装いは一掃された。悪くいえば、思い付きの言説が横行し、声の大きな者、マスコミを引き付ける者、よりドラスティックに国との対決姿勢をあらわにする者が目立つといった傾向もないわけではない。

西尾氏は、所掌事務拡張路線は、国と地方の間と地方間での両方での利害対立が大きいだけに、仮に実現しようとすれば慎重かつ綿密な検討が必要であるにもかかわらず、地方関係者から出てくる案は素朴な着想の域を出ないものであると指摘している。そのような「統治機構の改革」をめざす考え方に対して西尾前掲書は、「あらゆる懸案事項を一挙に解決できるといった万能薬のような制度改革構想など存在しない」として強く牽制している。

第28次地方制度調査会では、道州制の検討が行われたが、そこでは道州制の推進というよりも、道州制論議が進むことが予想されるなかで、それまでの分権改革と逆行しないような進め方を示すという方向での答申であった。しかしながら、現実に進められている道州制論議に沿って制度改革が実現してしまうと、本来国が所管すべき事務を道州制に移行する際に地方が取り込むことで、かえって国の関与が強まり、地方自治体が当該事務に関して国の執行機関のようになってしまい、機関委任事務や地方事務官の廃止というこれまでの成果を水泡に帰するような結果になりかねないと、西尾氏は危惧する。特に民主党政権における出先機関の丸ごと廃止がもし実現していれば、地方分権改革のはずが逆に国による地方への統制が強まり、改革が後戻りしかねない事態であったと指摘している。

西尾前掲書では、道州制に対する自らの立場を積極的な推進論者でも原理的な反対論者でもなく慎重論者であるとしている。性急な推進を警戒する理由として、道州制の実現が連邦制国家に近づける懸念があること、先に述べた純然たる国の事務を道州に移すことで分権改革が後戻りする懸念があること、多くの道州制論者がめざす全国を画一的な制度にするとすれば、道州制の設計は行き詰ると予想されること、道州制実現のためにさらなる市町村合併を推進せざるをえない事態を回避すべきことをあげている。

経済界に歳出削減なり行政改革の推進、あるいは地方自治体間競争を通じた効率化の追求（あるいは法人税引き下げ合戦の実現）を期待した道州制をはじめとする地方制度の改革を求める声があり、地方関係者からも道州制やそれにつながる出先機関の大胆な改革、あるいは特別自治市の実現の声があがっている。それらは市場主義のイデオロギーと、官僚批判や政治不信を背景にした時流に乗ったものといえる。自由度拡充路線で慎重に進められてきた地方分権改革が、ここに来て所掌事務拡張路線に押し流されそうになっている理由は、筆者の見方では、そもそも近年の地方分権改革を推進してきたエネルギーが市場主義であり官僚批判・政治不信であったためであり、いわば地金が出たということではないか。その意味で、今後の地方分権の推進は、たいへん難しい局面に差し掛かっている。

地方税財源のあり方

**8　「残された課題」のうちの最優先課題は、依然として、地方税財源の充実確保である。これを今後の財政再建方策の推進過程でいかにして実現していくのか、国の側と地方自治体の側の双方に問われている最重要課題である。**

三位一体改革に対する地方関係者の厳しい評価を踏まえると、地方税財源の充実確保とは、一般財源総額を拡充することを前提に、偏在性の低い地方税の充実強化を図ることでなければならない。その場合、当面は、地方消費税の充実に合わせて、地方税体系の偏在性をいかに抑制するかが課題となる。平成21年度から始められた地方法人特別税・同譲与税は、いわば緊急避難的な手段であるとしてその見直しが必要であるとしても、地方法人関係税を地方交付税財源に振り替えて、現在、地方交付税財源となっている国税である消費税を地方消費税とする「税源交換」などが偏在是正を進める代表的な方策である。また地方税負担の引き上げに際しては、地方消費税だけでなく個人住民税も有力な手段である。その際に、地方税法が定める標準税率を引き上げるという意味でのマクロの増収策と、超過課税や法定外税を通じたミクロの増収策の両方がバランスよく実施されることが望ましい。

地方税の充実のためには、地方関係者の自主的な取り組みが肝要である。社会保障・税一体改革では、消費税率が１０％に引き上げられることが先に成案として定められ、国分・地方分の配分についてはその後の国と地方の協議の場と政府内部の折衝に委ねられた。その際に、地方関係者が先頭に立って、国民に対して地方税の充実強化につながる消費税率の引き上げを訴えたわけではけっしてなかった。地方関係者は世論に対して矢面に立つことなく、消費税率の引き上げによる地方交付税財源と地方消費税率の引き上げを通じた増収効果を手にした。

さまざまな批判はあるが、わが国では国と地方の事務配分は重層的であり、国と地方の財政運営は一体的である。そのなかで、地方自治体はいわば共有財源を通じた共同体を形成しているという見方をすべきであると筆者は考える。地方税の標準税率の引き上げを通じた地方税の充実強化に対して、地方関係者はもっと主体的に関わるべきである。

## ４　これからの地方分権改革の進め方

### 地方分権改革の今後の展望

西尾氏の提出資料では、引き続き「地方分権改革の今後の展望」として、次の６項目をあげている。

**Ⅱ地方分権改革の今後の展望**

**１　自治体側には、地方分権改革の既成の成果をフルに活用することを望みたい。個々の自治体が従前とは異なる「別途の方法」や「別途の基準」にしたがって個々の事務を処理するようにならなければ、地方分権改革の成果の効果が地域住民にまで還元されないからである。**

①**自治事務に対する通達通知が「技術的な助言」に変わった成果**
②**補助対象財産の財産運用が弾力化された成果**
③**法令等による義務付け・枠付けが見直された成果**
④**事務権限が移譲された成果**

地方分権一括法によって、少なくとも自治事務については、国の地方への関与の仕方は技術的な助言となり、法解釈についても国の見解に従わなくてもよくなったことで、形式的には条例制定権が広がった。さらに、義務付け・枠付けの見直しによって実質的にも条例制定権が確保された。そうしたものを活用した独自条例の制定については、一部でみられるものの、まだまだ十分ではない。それを活用しようとする強い意欲も、地方自治体全体としてはそれほど感じられない。そのほか、市町村合併を推進するために、それまで難しいとされてきた補助対象財産の財産運用の弾力化が実現し、国から地方へと県から基礎自治体への権限移譲についても実現したが、それらの成果を現実のものとする努力が地方自治体に求められている。

## 地方自治体の法務能力

**2　自治体側は、法務職員の養成プログラムの強化を図るとともに、弁護士を専門職員として雇用する方策を拡げ、国地方係争処理委員会を活用すること**

この箇所では、地方自治体の法務能力が問われている。自治基本条例などの地方自治体発の条例制定の動きは顕著であるが、国の法令による義務付けに代わる条例の場合には関連する法令等の整合性など、法的な精度を高める必要がある。一般に国の担当者は法律の書き手となる。それに対して、都道府県の職員は法律の読み手である。それに対して、市町村の職員は法律を読まずに仕事をしてきたといえば極端すぎるであろうが、特に小規模な町村では、その傾向がないとはいえない。現状では法務能力の差は相当大きい。地方自治体の職員も条例を書くことを通じて法務能力が備わると、それまでとはまた違った意味での政策立案能力が貯えられる。そして、法令解釈に関して、国との間で考え方に異論がある場合には、国地方係争処理委員会を活用すべきである。

## さらなる義務付け・枠付けの見直し

### ３　法令等による義務付け・枠付けの見直しについて、これまで以上に積極的に改革要望事項を幅広く提出すること

義務付け・枠付けの見直しについては、地方分権改革推進委員会の勧告において見直すべきとされた１３１６条項に対し、９７５条項の見直しを実施することとした。その進捗度は相当大きい。しかしながら、条例委任にあたって、地方自治体の自由度がより高い「参酌すべき基準」としてもよい項目がなお残されており、各府省が義務付けの緩和に頑として応じなかった項目のなかで、実現させ

てもよかった項目がないわけではない。

　そうしたいわば岩盤のように固い抵抗を崩すには、地方関係者がこれまで以上に強く義務付けや枠付けの緩和についての要請を行っていく必要がある。これまで地方分権改革は、当事者である地方関係者が求めているということを根拠として、地方6団体からの「球出し」を基に進んできた。それがなければ義務付け・枠付けの緩和は現状からさらに進む展望が十分描けない。

## 地方6団体の役割

### 4　全国知事会、全国市長会、全国町村会のクリアリング・ハウス機能、相談助言機能、シンクタンク機能を格段に強化すること

　以前から言われてきたところであるが、地方6団体は単なる業界団体ではなく、地方自治法に定められている全国的連合組織であって、「地方自治に影響を及ぼす法律又は政令その他の事項に関し、総務大臣を経由して内閣に対し意見を申し出、又は国会に意見書を提出することができる」と定められているように、一定の法的権限をもっている。現状でも、地方6団体が地方を代表する意見を取りまとめる重要性は十分大きいが、地方分権が進めば、ますます大きな意味をもつようになる。従来以上に、地方6団体の政策立案や制度運営に関する各種のノウハウを高める必要性は相当大きく、緊急性の高い課題であるといえる。

## 土地利用の見直し

**５　市町村は、土地利用に関する計画を策定しこれに基づいて土地の開発行為・建築行為等を規制する権限を一括して基礎自治体に授権させることを究極の目標とし、都市計画法、建築基準法、景観法、農地法、農振法、森林法等々の全面改正と新たな統一的な都市農村計画法（仮称）の制定を求める運動をおこすこと**

義務付け・枠付けの見直しと同様に、事務・権限の移譲等については、国から地方への分は検討中、県から基礎自治体への分は検討済みであり、一定の成果をあげた、あるいはあげる見通しである。そのなかにあってもなお、権限移譲として進めるべきものであって、担当する省の強い抵抗にあって実現していないものもある。西尾氏は、その代表的な例として、農地転用や都市計画等についての土地利用に関する権限をあげている。西尾前掲書では、「先進諸国では、土地利用については基礎自治体の仕事とされているにもかかわらず、わが国では、例えば都市計画など、明治以来国の仕事とされてきた。これではおかしいだろうということで、都市計画法、農地法、農業振興地域の整備に関する法律、森林法などについて、市町村への権限の移譲を行おうとした」とされており、その結果として民主党政権下での地方分権一括法において、一定以上の規模の市には土地利用計画規制についての事務が移譲された。しかしながら、土地利用に関する規制の市町村への権限は、端緒に着いたばかりであり、一層の移譲に向けて市町村はアクションをおこすべきであると指摘している。

全体的にみて、地方分権改革推進委員会から始まった義務付け・枠付けの見直しや権限移譲は、民主党政権への政権交代によって政治家主導の改革が進んだことも功を奏して、相当程度まで進捗した。しかしながら、これ以上の改革ということになると、事務方で地味な作業を繰り返しても、各府省の論理を覆すことは難しいところまで来ている。地方関係者が一致して、義務付け・枠付けの見直しや権限移譲を強く求め、具体的な行動をおこして、見直しが実現しても地方関係者の責任において国民を混乱に陥れることがないと言明することが、さらなる地方分権改革に向けての展望を開くこととなる。

## 住民自治の充実

**6　これからの人口減少時代にあっては、コミュニティ・レベルの住民自治のあり方の再構築が重要になるが、この問題は国の法制が介入すべき領域ではなく、個々の自治体とその住民の創意工夫に委ねられている事項であると思われるので、それぞれの自治体において知恵を絞ること**

地方分権改革は、ともすれば団体自治の強化に目を奪われがちであり、住民自治の強化こそが必要といわれながらも、いまだに十分に進捗していないところがある。コミュニティ・レベルでの住民自治のあり方については、大都市と町村では形態も機能も違ってくる。いわゆる都構想においては、特別区のあり方が課題となり、合併特例区や地方自治法に基づく地域自治区など、いくつかの切り口はあるが、それらを契機にして住民自治の深化の検討が深く広く進んでいる必要がある。

## 道州制は先送りすべき

西尾氏の資料では「おわりに」として次の2項目について言及している。

**おわりに**

**１　現在の第二次安倍内閣には、震災復興の促進、エネルギー政策の再構築、「アベノミクス」の推進、TPP交渉等々、きわめて多くの大きな課題への対応が課せられているので、これらに加えてさらに、地方分権改革に大きなエネルギーを割く余裕があるとは思えないので、地方分権改革については、当面は従前から継続している課題に着実に取り組むこととし、道州制基本法の制定は先送りすべきである。**

地方関係者は、このところ、道州制問題に振り回されてきた印象が強い。しかし、西尾氏は安倍内閣（第2次）がいまのところ地方分権改革を必ずしも中心的な課題としておらず、道州制のような国家体制を根本から揺るがすほどの大改革が実現するには、よほど強い政治的意思が示されなければ難しいことを踏まえて、道州制基本法の制定はあえて急ぐべきではないと明言している。地方分権改革は段階を踏んで進めていくべきものであり、道州制のような所掌事務拡張路線を選んで国と地方あるいは地方間での対立を先鋭化させるのではなく、自由度拡充路線を優先すべきであって、これまでの制度改革の成果を生かした取り組みが地方自治体の現場で進んでいない現状を踏まえ、当面は従前からの継続課題に着実に取り組むべきだという西尾氏の主張が再度明らかにされている。

## 住民自治の審議の深化

**2　住民自治の側面の改革については、常設の地方制度調査会の調査審議に委ねていく方が賢明であろう。**

住民自治の充実は地方自治体の取り組みに期待する部分は多いとはいえ、それを支援する制度改革等は必要であり、それを審議するには、地方分権推進委員会などの特別法に基づく委員会等や、アドホックに設けられる大臣の諮問機関ではなく、常設機関である地方制度調査会が適当であるとしている。

## 都道府県と市町村との関係

以上、西尾氏の地方分権改革有識者会議における提出資料を基に、地方分権改革のこれまでとこれからを検討してきたが、関連する事項として西尾氏が会長を務めた平成25年6月の第30次地方制度調査会による「大都市制度の改革及び基礎自治体の行政サービス提供体制に関する答申」についても触れておきたい。そこでは、政令指定都市制度については「二重行政」の解消をめざして、県からの権限の移譲を進めると同時に、県と政令指定都市との間で意思疎通を図るための協議会を設け、「都市内分権」により住民自治を強化する方策を展開するなど、政令指定都市制度の改革に対して踏み込んだ姿勢を示している。その一方で、特別市のような都道府県制度の改革を伴う選択肢については時期尚早という姿勢である。また、議員立法で成立した大都市地域特別区設置法に基づいて、大都市に特別区を設置する場合についても、事務分担や財源配分、財政調整等について留意事項をあげている。西尾前掲書では、大阪都構想の主眼が府と市の「二重行政」の是正にあるならば、「伝統ある大阪市を廃止しこれを複数の特別区に分割するといった荒治療を施さずとも、もう少し穏便で地道な別途の方策をもってこれを達成することができるのではないか、という疑念を拭い切れない」と指摘している。その穏便な方策の1つが、第30次地方制度調査会答申に基づく政令指定都市制度の改革であるということになる。なお、西尾前掲書は、大阪都構想の実現に向けて、大阪維新の会が、「制度設計の詳細は地元に委ねよ」という声をあげていることに対しては、国および国会の責務の範囲を超えるものであり行き過ぎであると警鐘を発している。

さらに、第30次地方制度調査会答申の「基礎自治体の現状と今後の基礎自治体の行政サービス提供体制」の箇所では、市町村間の広域連携をさらに進める必要性を強調する一方で、「都道府県による補完」として、小規模な市町村などで事務処理に困難を生じ、市町村間の連携による補完が難しい場合には、都道府県の代行が考えられるとしている。さらに「現行法においては、市町村の事務を都道府県に委託しようとする際、都道府県に当該事務を処理する体制がない場合等に、当該事務の委託はふさわしくないものとされてきた。市町村優先の原則や行政の簡素化・効率化という事務の共同処理制度の立法趣旨に留意しつつ、地方公共団体間の柔軟な連携の仕組みを制度化し活用することにより、都道府県が事務の一部を市町村に代わって処理することができるようにすべきである」と踏み込んだ表現がされている。

それらを全体的に見通すと、道州制のような都道府県制度の抜本的改正を伴うようなドラスティックな体制整備にかかる改革を否定しつつも、大都市については都道府県が後ろに下がり、小規模町村については逆に都道府県が前面に出るような方向性を示している。少子高齢化社会の進行を前提に、都道府県と市町村との一律的な関係を見直そうとする意味では、地味ながら思い切った内容となっている。

### 税財源の改革の新たな課題

以上のように地方分権の流れを振り返った際に、緊急性がありながら現状でなお改革が進んでいないものとして、国庫補助負担金改革がある。三位一体改革では、多くは補助率の引き下げや対象事業そのものの廃止等にとどまり、4兆円の廃止・縮減額のなかで全額が一般財源化したものはごくわずかであった。その際に、いくつかの補助金はいわゆる交付金化が進んでいる。民主党政権では、最初の予算編成で社会資本整備総合交付金が、2年目に交付金化の大規模なものとして一括交付金（地域自主戦略交付金）が導入されたが、そもそもブロック補助金を広げていくと一般財源である地方交付税との棲み分けの問題が難しいという問題が生じる。民主党が政権奪取時の衆議院議員選挙のマニフェストにおいて教育と社会保障分野を除外したこともあって、一括交付金の制度設計でいくつかの隘路を抱えたまま、政権の再交代で姿を消した。その結果、国庫補助負担金の改革は振出しに戻った印象が強い。

義務付け・枠付けの見直しの手法を国庫補助負担金改革にあてはめてみると、補助要綱の記載事項の緩和や簡素化ということになる。それについては、これまでほとんど着手されてない。また、補助要綱における「規律密度」についても、各府省が個別にアドホックに対応してきたことの積み重ねであっただけに問題点も多い。しかしながら、それらを整理して合理化する方策が十分になく、攻めあぐねている状況がある。筆者は、補助要綱における規律密度を引き下げる方向での見直しは、今後の地方分権改革の重要課題とすべきと考える。

# 第6章　「平成の合併」と行政体制整備

## 1　市町村合併が与党から要請された背景

### 市町村合併は地方財政ではなく地方自治の課題

市町村合併は、行政体制整備と呼ばれているように、基本的には財政的な問題ではない。地方自治体は、中央政府によって法人格が付与されたものであり、そこには国から地方への事務配分がされていることが前提となっている。ただし、そのときの付与のされ方（国の関与等）や、事務執行に対する義務付けの強度、事務の法律的な性格（固有の事務なのか委任事務なのか等）には相当な差があり、それ自体が地方分権推進上の課題である。

事務配分を前提として、その執行を可能にするために、地方公務員制度を含めた地方自治制度を整えることと、地方税を含めた地方財政制度を整えることが、国の責務となる。市町村合併は、前者の課題であって、事務配分にふさわしい圏域の設定と法的権限、および職員体制等の整備の課題という意味で、行政体制整備と呼ばれている。もっとも、事務配分が先にあって、それを前提に圏域を決めることがすべてではない。地方自治体は、自然発生的にできた地域共同体を起源にしているので、圏域と規模を起点に配分すべき事務を考えるという方向も可能であり、地方自治の尊重という意味では、むしろその方が望ましいという見方もある。その点は、本章における問題意識にかかる重要な点である。

その一方で、市町村合併は、これまでの昭和の大合併や今次の平成の合併をみる限り、行政体制整備の課題であることが当事者である地方自治体に理解されて、自主的に取り組まれてきたわけではない。合併しなければやっていけないといういわれ方が、当事者である市町村からはされるが、それは職員の量的な限界が事務配分とバランスしないという意味ではなく、財源が不足している意味であることが専らである。行政体制の課題は、統治の問題であるだけでなく自治の課題でもあるが、地方自治の当事者には自覚されないことが多い。そこに市町村合併に対する受け止められ方におけるねじれの構造がある。

## 与党が推進した市町村合併

平成の合併において、国が市町村合併を推進したことは間違いないが、「国」とは地方に対して抽象的にとらえた総体という意味はあるものの、そもそも実態がないものである。政府という意味ですら総体であって実態はない。それは官邸なのか、総務省（あるいは総務省自治行政局とするか）なのか、あるいは与党なのか。地方行政なり地方財政における政策判断を、パワーゲームの産物とみるときには、「誰が」という問いはたいへん重要である。

平成の大合併を推進したのは与党・自民党であった。平成12年12月に閣議決定された行政改革大綱では、「Ⅱ地方分権の推進」において「（1）市町村合併の推進」「ア基本的考え方」という項目のなかで、「地方分権の推進や少子・高齢化の進展、国・地方を通じる財政の著しい悪化など市町村行政を取り巻く情勢が大きく変化している中にあって、基礎的地方公共団体である市町村の行政サービスを維持し、向上させ、また、行政としての規模の拡大や効率化を図るという観点から、与党行財政改革推進協議会における「市町村合併後の地方自治体数を１０００を目標とする」という方針を踏まえて、自主的な市町村合併を積極的に推進し、行財政基盤を強化する」と述べている。そこでは、与党行財政改革推進協議会が掲げた合併後の市町村数を引用している。

逆にいえば、与党が推進しないなかで、政府が行政上の理由だけで市町村合併を推進することはおよそありえず、ましてや市町村数に目標を掲げることはできない。市町村数を１０００にというのは、明らかに腰だめの数字である。それが許されるのは政党だからであって、同じことを政府がすれば、厳密な説明責任が問われ、何らかの客観的な根拠を示すことが強く求められる。

## 与党が合併推進を要請した理由

平成11年、地方分権一括法が成立し、そのなかで市町村合併特例法が10年間の時限立法の期間半ばで改正され、改正市町村合併特例法だけが即日施行され、期限は改正前を引き継いで平成16年度末とされた。最終的に財政優遇措置の延長や経過措置が設けられたが、その間に集中的に平成の合併が進められた。その際、地方分権の推進と市町村合併がどのような関係になっているかは重要なポイントである。

その間の経緯は、前章でも取り上げた西尾勝氏の著書の1つである『自治・分権再考』（ぎょうせい、2013年）では、次のように紹介されている。そこでは、「平成の市町村合併」にゴーサインを出してしまった経緯（65頁以降）という項目で、地方分権推進委員会は、発足の当初、一種の世論としてあった、新たな事務を担ってもらうためには小規模な町村を統合して行財政能力の向上を図るべきであるという、地方分権の受け皿としての市町村合併の是非（受け皿論としては道州制への移行も含まれる）についてまず検討した。そこでは、「市町村合併といったような、相当に時間とエネルギーを必要とする問題から議論を始めることは妥当でない」「市町村合併の推進を勧告すれば、町村会や町村議会議長会は当然に断固反対にまわる」「地方六団体の足並みを乱すような勧告は避けるべきであろうと判断し、最終的には受け皿論は棚上げする方針となった」と記述されている。

ところが、この基本方針は、第1次勧告をまとめる際に行った自民党の行政改革推進本部との協議のなかで切り崩される。出席議員から異口同音に出た意見は、機関委任事務の全面廃止には反対しないが、それによって都道府県と知事の権能が強まり、国・地方関係のいわば中二階が強化されることは憂慮される。国会議員がコントロールできないほど都道府県知事が強力な権能を手にすることを避けなければならない。基礎自治体である市町村の機能を強化するために、都道府県から市町村への事務権限のさらなる移譲を、委員会の調査審議項目に立てて成果をあげるべきである。人口規模が小さく、財政力が弱小の市町村が多く、都道府県からの事務権限の移譲には限界があるので、道州制の検討は先送りしてもよいが、委員会は市町村合併の促進方策を勧告すべきである。あわせて、知事の権能強化によって多選の弊害も大きくなるので、多選制限を勧告すべきとした。

それをうけて、地方分権推進委員会は、政界の協力を得るためには市町村合併を先送りできないと判断し、第2次勧告に盛り込むこととした。そこでは、市町村合併は自主合併として、強制的な合併は行うべきではなく、政府は合併の促進措置を講じるべきとした。政府は第2次勧告を受けて、第25次地方制度調査会において合併特例債等の財政上の支援措置や地域審議会の設置などを盛り込んだ答申をまとめ、地方分権一括法のなかで市町村合併特例法の改正が行われた。

西尾氏は、以上の経緯に触れたうえで、平成の合併の震源地は国会議員であって、総務省はそれに促されるかたちで闇雲に始められたが、市町村合併と分権改革が同時並行して進行したことが、「その後の事態を非常に複雑なものにした一因であった」と述べている。

振り返ってみれば、後に、小泉構造改革の路線のなかで道州制を推進しようとする自民党とは人が変わったように、統治と自治のバランスに敏感に反応したことが、市町村合併の推進の背景にあったといえる。いうまでもなく、道州制の推進は国家の弱体化であるので、統治と自治のバランスは大きく崩れることになる。市町村数が減って市町村議会議員が削減されることが、与党政治家として国政選挙に不利であるという思惑も当然あるところだろうが、県への牽制としての市町村合併はそれを上回る必要性があったということである。そうした見方は、思うほどは市町村には浸透せず、市町村合併推進という政治的な出来事への評価に大きく影響している。

## 2　行政体制整備としての市町村合併の蓋然性

### 市町村合併の必要はあるか

先の地方分権推進委員会の検討において、市町村合併を受け皿論として、地方分権改革のなかに柱として盛り込むことは、地方六団体の結束を損ない、強い世論の反発も予想されることから、避けるべきという意見が大勢を占めたとされているが、そのような戦略的な思考を除外してもなお市町村合併の蓋然性があるといえるか。想像の範囲であるが、地方分権推進委員会のなかでも意見の一致は難しかったのではないかと思われる。事務配分と組織の不合理という現象は、それがある場合でも実感できるものではないことと、地方自治の世界では、権力者である国と被支配者である地方公共団体という図式でみられることが構造的にあり、小規模町村に対する判官びいきは避けがたいからである。

昭和28年の町村合併促進法は、議員立法で成立している。当時も政治主導であったといえる。戦後改革において、市町村は、新制中学校の設置管理、市町村消防や地方自治体警察の創設の事務、社会福祉、保健衛生関係の新しい事務が任されることとなった。そのなかにあって、昭和24年のドッジ・ラインによる地方財源の大幅圧縮を、20年代を通じて引きずったこともあって、市町村の財政状況は大きく悪化した。町村合併促進法は、第3条で「町村はおおむね、8000人以上の住民を有するのを標準」と定めている。その人口基準は、新制中学校1校の運営を想定しているとされる。続く昭和31年の新市町村建設促進法は、「町村数を約3分の1に減少することを目途」とする町村合併促進基本計画（昭28年10月30日閣議決定）の達成を図るとされ、昭和28年から36年までの昭和の大合併によって、市町村数は1万余から3000台のほぼ3分の1に減少している。

それに対して、平成の合併においては、そのような劇的な事務配分の変化等の現象はない。しかしながら、戦後改革の時点と比較して、地方自治体警察こそなくなったものの、市町村の責務は増える一方であり、近年では介護保険という大きな事務配分の追加があり、医療保険についても国民健康保険の制度は年々複雑化して後期高齢者医療制度のような大きな制度改正が実施され、子育て関係では市町村に期待される役割はますます大きくなっている。その反面で、平成の大合併が始まる時点で、過疎化の進展によって、人口8000人未満の市町村は全体の3分の1、人口1万人未満の市町村はおおよそ半分という状況であった。昭和28年の町村合併促進法の標準人口規模が正しいとすれば、行政体制整備という意味での市町村合併の蓋然性はあったといえる。

## 自主的合併というバランス感覚

地方公共団体は、国の法律よってその法的権限を付与されている。あえていえば、法律的には国が設置したものである。市町村合併特例法は、自主的な合併を推進するための法的な手続きが定められているが、その場合の自主的とは、当該市町村の発意によるという意味である。それに対して、国が特定の市町村を合併して新しい市町村を設置する法律を制定すれば、当該団体の意思とは関係なく、市町村合併を行うことが想定できる。現実にそれが可能かどうかの法解釈が検討されたことはないが、いずれにしても、それが強制合併である。自主的合併を前提にするとは、逆にいえば、強制合併は手段としてあるものの、国は自ら封印するという意味である。なぜそれをする必要があるのか。

国が市町村を設置するというのは、法律の世界のなかでのことであって、集落共同体は憲法をはじめとする法体系とは別に、歴史的に実態として存在するものである。基礎自治体である市町村は、集落共同体そのものではないが、それを起源とする。国の統治機構を起源とする都道府県とはおのずと異なる。実態としての基礎自治体を前提とすれば、事務配分は、基礎自治体の態様に応じて柔軟に行うことが望ましく、事務配分を起点に体制整備としての合併を推進するのは間違いという考え方が成り立つ。事務配分は優れて統治の課題であり、市町村合併は自治を侵害するものという側面は拭いがたい。自主的な合併にとどめるのは、そのようなバランス感覚のなかで、妥当なものであるといえる。

## 基礎自治体中心主義の起源

基礎自治体である市町村に可能な限り手厚く事務配分を行うことを基礎自治体中心主義と呼んでいる。それはいわゆる補完性の原理にも適うものであって、市町村は特に住民生活に密着する公共サービスの担い手となることが理念的に優れているとされている。

その起源は、第1部で取り上げてきたように、わが国では戦後改革におけるシャウプ勧告（あるいはそれを受けた神戸勧告）に求めることができる。シャウプ勧告では、市町村へ手厚く事務配分を行うことを前提に、地方税の充実をめざしている。事務配分とそれにふさわしい税源の付与という意味で、シャウプ勧告は一貫している。そのうえで、シャウプ勧告は市町村合併の必要性に言及している。

事務配分において、シャウプ勧告は、国と地方の共同責任事務を原則的に認めず、国、都道府県、市町村は、事務配分において区分されるべきであるとしている。その存在が国の地方への関与を招く誘因となるからである。その具体的な検討結果として、地方行政調査委員会議は、国と地方の事務再配分に関する答申である神戸勧告を取りまとめている。また、シャウプ勧告は、国と地方の共同責任事務に対する負担の形態である国庫負担金の廃止を求め、その具体案が神戸勧告の一部をなしている。

プロイセンの制度をもとに展開されてきたわが国の地方自治制度が、国と地方が一体的に行政運営をしていることに対して、シャウプ勧告は、連邦制の国家であって中央政府と地方政府が独立した存在として地方自治制度が運営されてきたアメリカの理念を持ち込んだものという批判もされている。神戸勧告が、残念ながら十分実施されなかったのは、連合国軍最高司令官がマッカーサーからリッジウェイに交代し、占領政策の緩和が進められた「逆コース」によるものという言い方がされる一方で、そもそも共同責任事務を全廃することが現実的ではなかったからという批判的な理解もある。事務再配分がほとんどできずに国庫負担金が復活し、地方財政法の共同責任事務の規定がいまのかたちになったこと、地方の出先機関が数多く設立されたことなど、シャウプ勧告の理念は実現されない部分が少なくなかった。税財政面では、附加価値税が導入されずに事業税となったことや、地方財政平衡交付金が地方交付税に改組されたこと、地方債の制限規定が残されたことも同様である。

そうしたなかで、市町村合併だけが実施されたのは、シャウプ勧告・神戸勧告のつまみ食いであって間違いであるという考え方もあり、その心情は十分理解できる。その一方で、市町村へ手厚く事務配分を行うことが基礎自治体中心主義に適うという意味で歓迎すべきであることに異論は少ない。事務再配分が不発に終わったことで、責任の所在こそ、シャウプ勧告の理念とは異なるものの、手厚く事務配分が行われた以上、事務配分と組織・圏域のバランスを図るための行政体制整備としての市町村合併の蓋然性が生じたという現実に向き合わざるをえない。

政府が市町村合併の実施に踏み切るには、当事者に痛みを伴うだけに、蓋然性だけを理由に押し切ることはできない。当事者が納得するだけの理由を示す必要もある。そのように振り返ってみると、昭和の大合併と平成の合併には共通する因子がある。国会議員による政治の後押しと、市町村財政のひっ迫の2つである。

このように、基礎自治体中心主義は必然的に市町村合併を求める。ただし、必要性があっても進むとは限らない。昭和の大合併が終わった昭和30年代半ば以降、わが国は、都市への若年層の移動による急激な過疎化が進み、近年では少子高齢化の波が押し寄せている。それでも平成の合併までは、市町村数はほとんど変わらなかった。さらに、平成の合併が終わっても、当然のことながら小規模町村はなくならない。自主的合併にとどまる限り、基礎自治体中心主義の例外措置を積極的に設ける必要が生じる。

## 3　合併優遇措置とその意義

### 合併特例債

自主的な合併を推進し、与党が掲げる市町村の目標数を達成するノルマを与えられた旧自治省（その場合には特に行政局）は、財政措置を設けるために、合併補助金等の国庫補助金については旧大蔵省に予算要求をすることとなる。それだけでなく合併特例債や合併市町村の普通交付税の算定替の特例は、どちらかといえば要求先は旧自治省財政局となる。どちらにしても、与党が市町村合併を求めている以上、要求された側も一定の範囲で認めざるをえない構図がある。

そのうち、合併特例債は、過疎対策事業債にかたどった、典型的な地域振興策である。昭和30年代には、第4章で取り上げた後進地域特例による国庫支出金の補助率の引き上げが講じられ、その後、昭和40年代以降は、財政力に乏しい団体の公債費負担を軽減するいわゆる事業費補正方式がさまざまな形態での地方自治体への優遇措置として多用されるようになっていた。市町村合併に伴う地域整備の課題や地域振興策は、基本的に単独事業であるので、新市建設計画に盛り込まれた事業を中心に、事業費補正方式で財政措置をするのは自然な流れであった。事業費補正における基準財政需要額への算入率は70％と、災害対策事業債にこそ見劣りするが、過疎対策事業債と同じ高率であり、いわば最優遇待遇であった。

### 算定替の特例

一方、普通交付税の算定替の特例の期間は、平成11年の地方分権一括法以前の合併実現のための障壁除去の意味があった市町村合併特例法では5年間であった。合併に伴う移行時にはいくつかの経過的な措置を設けることがあり、また庁舎の移転費用等の臨時費用も必要であることから、5年間の算定替の特例は、優遇措置というよりも、そもそも地方交付税の算定における基本的な考え方である財政需要の中立的な捕捉の趣旨に通じるものである。平成11年の改正では、特例期間を10年間に延長したことで、先にあげた合併補助金や特別交付税措置もあわせて、優遇的な財政措置の意味をもつようになった。

もっとも、それらの財政措置は地方財政計画の総額を押し上げているとはいえない。特に、算定替の特例は、普通交付税の算定上の問題であるので、それによって地方財源が増えているというイメージではない。集中改革プランによって、地方公務員数が大きく圧縮されたこともあって、平成13年度ごろから地方財政計画の給与関係経費は、一定の幅はあるものの、長期的には漸減している。それは市町村合併による地方公務員の定員圧縮を含めた、地方財政計画の圧縮要因に確実になっている。

その意味では、合併算定替の時期がいつまでであるかとは関係なく、市町村合併の効果は、地方財政計画の歳出の圧縮要因の1つとして、すでに地方交付税の歳出の見積もりに反映されているとみるべきであろう。そのように圧縮した地方交付税の総額を配分する際に算定替の特例が効いているのであって、その限りにおいては、非合併団体から合併団体に財源が一部移転されているといえる。

## 4　平成16年地方財政ショックと市町村合併の推進

### 平成16年度地方財政ショック

地方交付税が大幅に圧縮され、ほとんどの地方自治体はそれを予期していなかったことから、国に対する不信感をかきたてたほどに大きな衝撃を与えたのが、いわゆる平成16年度地方財政ショックである。当時、地方財政においてもっとも大きな課題は、小泉内閣の経済財政諮問会議を中心に展開された三位一体改革の実現である。3兆円の税源移譲と4兆円の国庫補助負担金の圧縮を、平成16年度から3年間で実現することとされ、その具体案が検討されていた。地方財政ショックは、その初年度に起きた。地方財源の突然の大幅な圧縮による地方自治体の混乱ぶりを指す言葉である。

平成15年11月の衆議院議員選挙後、小泉首相が三位一体改革の実施を明言し、11月21日の閣僚懇談会で総理指示が出され、それを受けて年末の予算編成に向けて動きが加速する。補助金の削減と税源移譲の原案作りが進む一方で、11月28日の経済財政諮問会議では麻生太郎総務大臣の麻生プランのなかで、①投資的経費（単独）の平成2～3年度の水準を目安に段階的に抑制、②地方公務員定数は地方警察官の増員を織り込んで1万人を上回る削減、③経常的経費（単独）は新規政策分を盛り込んだうえで総額のマイナス、などによって地方財政計画の歳出を削減して地方交付税の総額抑制を図るとともに、算定の大幅簡素化・効率化を図るとした。

その結果、地方交付税は対前年度で６・５％の減額、臨時財政対策債を加えた実質的な額で実に12％減という過去にない大幅圧縮となった。その効果を交付団体ベースの一般財源でみると、国庫補助負担金の一般財源化による効果を勘案した実質的なベースで2兆円規模の大きな減額となった。経済財政諮問会議の資料は、地方財政の大幅圧縮を予感させる内容であり、突然の減額という表現は必ずしも正確ではない。しかし、過去に例のない減額だけに、地方自治体関係者も甘く見ていた可能性がある。いざ、地方財政対策の結果が公表された直後、ここまでの減額を予想していなかった地方自治体からは、予算編成作業の前提が崩れたとの悲鳴が聞こえ、地方財政ショックという言葉が生まれた。当然、平成16年度予算の国会審議でも厳しい意見が出るなど、各方面から反発を呼んだ。

平成16年度地方財政対策における地方交付税の大幅削減について、『改正地方財政詳解』（平成16年度、地方財務協会）は、「「基本方針２００３」においても、交付税総額の抑制は三位一体改革の一環として明確に位置づけられており、したがって、あえていえば、三位一体の改革には、地方団体の自主性の拡大のための補助負担金の削減・縮小とこれに対応した税源移譲、交付税の算定の透明性の確保という「狭義の三位一体の改革」とともに、現下の厳しい国・地方の財政状況下、行政のスリム化を徹底して断行しなければならないという要請の下での交付税総額の抑制を含めた「広義の意味の三位一体の改革」が求められていると考えられる。ただ、三位一体改革の本来の趣旨が、地方分権の推進である以上、後者が突出することは、この改革が国の財政再建を目的としているのではないかとの疑念を生むことにもなるので、今後、三位一体改革を進めるにあたっては、これら三者の間のバランスをどうとっていくかが、大きな課題となると考えられる」（5頁）と述べている。

パワーバランスの観点からすると、税源移譲は財務省にとってはたいへん大きな痛手であり、たとえ総理指示に基づき、かつ経済財政諮問会議が主導したとしても、許しがたいことには変わりはなく、何らかの代償を求めるものとなる。地方交付税の算定の簡素化はともかく、総額の過去にない規模の大幅圧縮は当然というところであり、これでもなお不十分という感覚であろう。小泉内閣という稀有の政権の下で、国庫補助負担金の削減と税源移譲という地方分権に適う地方税財政制度の改革の実施というこれまで望んでも実現しなかった宿願を、地方交付税の総額圧縮を飲み込むことでものにしたという構図が浮かび上がってくる。ただし、先の引用文では、最後の部分で地方交付税の大幅削減は今回限りとする方向であることが示唆されている。

小泉・安倍（第1次）政権が終わると、地方交付税は一転して増額モードに転じる。麻生首相は、総理大臣として臨んだ平成21年度予算編成で、地方交付税の1兆円の増額を実現し、地方財政ショックの一部を回復することとなる。平成22年の民主党政権の財政再建策である財政運営戦略では、交付団体ベースの一般財源の総額を据え置く方針を定め、それが政権の再交代後の社会保障・税一体改革まで引き継がれている。

## 市町村合併を後押しした側面

筆者の見立てでは、地方財政ショックは税源移譲等とのバーターとの側面が強く、市町村合併の推進は副次的な効果である。しかしながら、市町村合併は、間違いなく、地方財政ショックによって加速された。合併協議会の設立数は、平成16年度に入って急増しており、それを受けて多くの合併協議が前に進んだ。

小泉内閣の構造改革路線では、地方財政計画の歳出の圧縮に伴う地方財源の圧縮は既定路線であって避けられないところであった。その際に、一気に圧縮するか、段階的に圧縮するかという選択肢があったとすると、平成16年度地方財政ショックは、前者を選択した結果とみることができる。前者を選択する際に、市町村合併を逡巡する市町村に対して背中を押す結果となった行政体制整備としての市町村合併の蓋然性はあったとはいえ、総務省として積極的に地方財源を圧縮するほどの理由があったとは考えられない。地方財政に与えた傷は深かった。

その後の地方財源の動きをみる限り、地方財政ショックで財源を一気に削減し、それに対して地方関係者が強く反発したことで、それ以降、同じことは政治的にできなくなった面がある。もしも段階的に引き下げていれば、地方公共団体もそれなりに対応できた結果、逆にいえばさらに大きな規模で地方財源の圧縮が進んでいた可能性もある。

小泉構造改革全体にいえることであるが、さまざまな意味で、小泉以前と以降では、国民の意識を変えるという大きな効果があった。地方財政ショックは、よくいえば、地方自治体の総務省に対する依存心を払拭させ、悪くいえば不信感をかきたてたところがある。市町村合併は、市町村行政に実に複雑で多様な影響を及ぼした。今日では、首長が国に対して強い言葉で批判を浴びせても、それ自体は取り立てて目立つことではないが、それも地方財政ショックを通じて国と地方の関係が大きく変わった効果に含めることができる。

## 5　いわゆる西尾私案をめぐって

強制的な市町村合併はしないという政府の方針に対して、地方自治体が不信感をもつようになったのは、平成14年に第27次地方制度調査会において示されたいわゆる西尾私案である。西尾副会長から示された特例町村制度の私案に対して、合併しない小規模町村を懲罰的に格下げする案であり、合併を推進するための鞭であると手厳しい批判をマスコミ等を通じて浴びることとなった。市町村合併の目的が行政体制整備であるという理解が浸透せず、交付税減らしの一方的な効率化論であるという認識が広がっていた状況で、特例町村制度の趣旨が誤解されたのはやむをえない側面がある。結果的に、世論の総反発もあって、第27次地方制度調査会の答申では、特例町村制度を盛り込むことは見送られた。

西尾私案の概要は、次のとおりである。

①市並の事務を処理し、権限を行使する際の標準的な人口Ａを法律で明記し、その解消をめざすことを明示。そのうえで、たとえば人口Ｂ未満の団体は申請により、事務配分特例方式ができる。事務配分特例方式とは、当該団体は法令による義務付けの自治事務を一般的に処理し、窓口サービス等、通常の基礎的地方自治体に法令上義務付けられた事務を処理する。当該団体に義務付けられなかった事務は都道府県の処理を義務付けることとされる。

②人口がＢ未満で、さらにＡ未満であれば、事務配分特例方式を選ぶか、他の団体に合併するかを一定期日までに選ぶ。

③人口Ｃ未満の団体は、他の基礎的地方自治体への編入によりいわば水平補完され（内部団体移行方式）、一定期日までにこの編入先の基礎的地方自治体の内部団体に移行するものとする。

④事務配分特例方式と内部団体移行方式は、どちらかまたは並列とされ、並列の場合には、Ｂがもっとも人口規模が大きく、その次に、Ａ、Ｃと続く。

人口区分は明示されていないが、Ａはたとえば1万人、Ｂは５０００人ではないかという見方がある。西尾私案で構想された特例町村制度とは、「小規模町村に対する事務権限の義務付けの緩和」の意味がある。そこでは、国が法令で市町村に義務付けている義務的事務の縮小という意味での負担軽減であって、任意的事務に関する自治権の縮小を意図するものではない。その後、西尾氏が後に講演等で披露した特例町村における事務配分の案では、義務付けを解除すべき事務権限として、国民健康保険や介護保険の保険者としての任務をあげ、さらに消防、救急、し尿処理、ごみ処理など、一部事務組合や広域連合で共同処理してきた実績のある事務をあげている。それと同時に、特例町村に残すべき事務権限として、戸籍・住民登録等の窓口事務、育児支援、保育に関する事務、義務教育事務をあげている。住民生活に密着した事務が担うべき役割と位置づけられている。

もしも、市町村合併が体制整備の課題と認識されており、西尾私案で想定している義務付けを解除する事務と残すべき事務の具体例が浸透していれば、西尾私案に対する反発は、相当少なくなっていたことも十分考えられる。趣旨が浸透しなかったことで、地方自治制度の整備に対して、大きな時間のロスが生じることとなった。西尾私案が形を変えて制度として導入されるのは、後述するように、平成26年の地方自治法の改正まで待たなければならなかった。

## 6　市町村合併の効果と財政運営への影響

### 行政体制整備としての効果

総務省の「市町村の合併に関する研究会」は平成20年6月に「『平成の合併』の評価・検証・分析」を取りまとめた。筆者は研究会の一員として、そのなかで行政体制整備としての効果の検証を試みた。

市町村合併によって事務配分と組織体制のアンバランスが解消されれば、政策の立案や運営能力が高まることで、広く住民生活に貢献するというかたちで効果が発現するはずである。一例だが、報告書の「住民サービスの高度化・専門化のための組織・機構の充実」の欄では「約9割の474市町村が、合併によって組織が専門化したり、人員が増加したりすることで庁内の体制を充実」したという評価を行い、具体例として合併市町村の取り組みを紹介している（報告書29頁）。客観的に体制整備の効果を測定しようとすると、組織や専門職員の配置などの観点が中心になるが、それだけでは重要な効果を見落とす心配もある。また、職員数が量的に拡充されたとしても、それが一つの組織として機能することはまた別問題である。風通しのよい組織として組織風土を整えることは難しい課題であるが、それは合併市町村に限った問題ではない。

報告書には、委員である山梨県職員が、この研究会のために独自に実施した、県内の合併に関わった市町村職員に対するアンケート（聞き取り等による）調査の結果を掲載した。職員の専門性の確保の観点では、「研修等に参加し、専門的な知識を学ぶことができるようになった」などの合併の本源的な効果を指摘する声が多い。同時に「所管業務以外の業務に無関心になった」「一人で多種多様な業務に携わることができなくなった」などの懸念事項を指摘する声もある。適切・効率的・効果的な事務執行の観点では、「コンプライアンスによる事務執行ができるようになった」「税の徴収、滞納整理等の事務体制を組めるようになった」の指摘がある一方、「組織が大きくなり、情報伝達、意志決定、事務手続き等に時間を要するようになった」「縦割り行政の体質が強まった」などが指摘されている。職員のモチベーションの向上では、「職員間の馴れ合いが減り、職員の自立心、自己責任意識が高まった」「競争心が生まれた」「自らの団体の現況や課題をきちんと理解することができた」「幅広い見地から事務を行えるようになった」などの効果を評価する声が多く、それと裏腹の関係で「職員間の連携が希薄になった」「旧団体職員間での隔たりがある」などの効果も指摘されている。さらに、適切な人事管理・資質の向上の観点では、「しっかりとした定数管理、昇任・昇格に係る資格試験ができるようになった」「人事異動のサイクルを短縮化することができるようになった」「能力向上を目的とした研修、人事交流、派遣等を行うことができるようになった」などのプラスの効果が多い。しかし同時に、「環境の変化についていけない者が出てきた」といった状況があるという。全体的にみると積極的な評価が多く、合併市町村の弊害を指摘する声が必ずしも突出しているわけではない。

### 財政運営への影響

地方財政ショックが小規模地方自治体に与えた影響は大きいが、特に小規模団体に影響が大きかった理由については十分明らかではない。後述する段階補正の見直しの影響はあるが、個々の団体においては、その規模はそれほど大きなものではない。小規模な町村だけでなく、県にも影響があったことに鑑みると、財政悪化の原因は公債費負担にあったと筆者はみている。

地方交付税の算定において、原則的に、公債費は算入されない。投資的経費に対する起債における事業費補正はその例外であって、それでも全額が算入されるわけではない。全額算入は、臨時財政対策債のような一般財源の代わりに発行額が設けられている起債のみであって、そうした起債はそれ自体が地方財政法の適債性の条件に対する例外的な存在である。

交付団体の場合、一般財源の総額は標準財政規模（＋特別交付税）相当額であって、その内訳は基準財政需要額に基準財政収入額に算入されない地方税収等（通常、留保財源と呼ばれる）を加えたものである。したがって、公債費のうちの非算入部分の償還財源は、制度の趣旨からすると留保財源ということになる。したがって、非算入公債費が留保財源の範囲に収まっていることが、健全財政の１つの条件ということになる。そのことは、税収に乏しい団体の公債費の天井は低く、実質公債費比率が公債費負担適正化計画の提出を求められる水準よりもはるかに前の段階で、オーバーローンになることを意味する。ところが、そうした状態であることは当該団体はほとんど自覚していない。

地方財政ショックのような急激な地方財源の総額抑制に直面した場合に、その影響は、非算入公債費が留保財源を超えている団体ほど大きいといえる。歳出圧縮の切りシロがすでにない状態であるからである。

地方財政ショックが市町村合併を後押ししたことは間違いがない。ただし、そのときに非算入公債費と留保財源の関係を踏まえて、小規模団体に与える影響の大きさまでを勘案していたとは考えられない。しかしながら、一般的に交付税依存度の大きな団体ほど地方交付税圧縮の影響が大きいのはいわば常識的な結果である。だからこそ、地方財政ショックのようなことはおこしてはいけないというのが、旧自治省以来の地方交付税の運営の基本であったといえる。小泉構造改革はそこにメスを入れるように促した。

ところで合併特例債で財政状況が悪化したといわれる団体があるが、その点はやや誤解がある。合併特例債は、過疎対策事業債と同じ70%という高い算入率であり、全額非算入の一般事業債に比べて、非算入公債という意味では3分の1程度の負担しか伴わない。したがって、一般事業債の3倍の起債をしてもなお同じ影響である。合併特例債で財政状況が悪化したと自覚されている場合であっても、実態はそもそも合併特例債を発行する段階で、すでに非算入公債費が留保財源を上回っていたことが原因とみるべきである。仮に投資的経費に対する起債の全額が過疎対策事業債であったとしても、たとえば財政力指数が0・1を下回っていれば、非算入公債費が留保財源を上回ることはそれほどまれなことではない。

こうした制度がもつ特性は、地方自治体の財政担当者でもほとんど自覚されることはない。実質公債費比率が公債費負担適正化計画を出せといわれる水準にならなければ、総務省は起債しても大丈夫とお墨付きをくれているとか、過疎対策事業債は有利な起債であるので発行枠を使い切っても大丈夫とか、そのような感覚が通常であって、そうだとすれば地方財政ショックで何が起きたかはとても理解されないであろう。

## 防災や復旧・復興面での影響

市町村合併が、防災面や大災害からの復旧・復興に対してどのような影響があったかという点も大変重要なポイントである。もっとも、筆者としては、東日本大震災のような大災害を前にして、軽々な発言は控えるべきと考える。一般的にいえることは、発災時の初期対策、発災しばらくしてからの救援・救助活動、復旧事業、復興事業のそれぞれにおいて、市町村合併の影響は感じられる。職員数が減少したことが救援活動に影響した部分はある一方で、合併したことで被災地域が市域の一部にとどまったことで応援体制や復興面でプラス要因があったという声もある。個々の団体が置かれた状況と、発災から復興までのさまざまな段階において、その影響はおのずと異なっている。また、次節で述べる合併算定替の特例の見直しにおいて、支所設置経費の財政需要としての捕捉があがっているのは、防災拠点としての支所のあり方が見直されていることの反映といえる。

## 7　合併算定替特例の見直し等、合併団体への配慮

### 合併団体への配慮としての算定替の特例の見直し

合併算定替の特例の10年間が終了する時期が、一部の先行団体は到達し、間もなく大部分の団体が到達することになる。その際に、5年間の経過措置があるとはいえ、地方交付税の減額の影響が大きく、その緩和を求める声が合併団体から起きた。それを受けて、国会議員のなかにそれを後押しする議員連盟が設けられた。

当初は、合併特例債の発行期間の延長について、まずは東日本大震災の被災団体において認められ、ついでそれ以外の団体にも認められることになった。合併特例債の発行枠の有効利用という観点からみて妥当なところがある。それに対して、算定替の特例の見直しは、財政需要を中立的な観点で捕捉するという地方交付税の制度の趣旨に適う範囲でなければならない。第30次地方制度調査会は、平成25年5月の「大都市制度の改革及び基礎自治体の行政サービス提供体制に関する答申」のなかで、平成の合併によって市町村の面積が変わったことに着目して、支所機能の活用を積極的に進めることを可能にするなど、行政区域の広域化を踏まえた算定のあり方が必要との判断を示している。

そこで、総務省では、平成26年度から5年間をかけて算定を見直すこととしている。そこでは、①

支所に要する経費の算定、②人口密度等による需要の割増し、③標準団体の面積の拡大とそれに伴う単位費用の見直しの観点から、算定全体が見直されることとなっている。②については離島を合併した団体についての検討が行われるとされているなど、合併団体が非合併団体に比べて大きくならざるをえない財政需要の捕捉と、市町村の全体的な態様の変化に応じた算定の見直しという２つの観点が強調されている。

### 段階補正の見直しと再見直し

普通交付税の算定における補正係数の１つである段階補正は、人口規模に応じたかさ上げを行う機能をもっており、一般に規模の経済性に対応する補正係数とみられている。段階補正は平成14年度から圧縮の方向で見直された。それまでの全団体の平均を基礎として割増率を算出する方法を改め、より効率的な財政運営を行っている上位３分の２の団体の平均を基礎として割増率を算出することが主眼となっている。

平成14年度の算定の見直しは、段階補正と同様に事業費補正の見直しも進められた。小泉内閣としての最初の基本方針２００１において、段階補正について、特に「合理化や効率化への意欲を弱めることがならないよう、その見直しを図るべきである」と書き込まれている。基本方針２００１を取りまとめた経済財政諮問会議の民間議員の発想として、段階補正の見直しと市町村合併の推進を結びつける部分はないわけではなかった（議事録によれば、民間議員の1人から市町村合併へのインセンティブ供与として、段階補正の圧縮の検討を促す発言がされている）。

段階補正の見直しや事業費補正の圧縮は、当時、地方交付税の算定の簡素化が重要であるという認識に基づく一連の見直しのなかで実施された。もっとも算定の見直しが総額に影響しないということが、関係者や識者のなかでどこまで明確に認識されていたかは不明である。

民主党への政権交代を果たした平成22年度の普通交付税の算定では、条件不利地域や小規模の市町村において必要な行政サービスが実施できるようにするという趣旨から、段階補正と人口急減補正の見直しを行っている。そこでは、「人口や面積による機械的な計算では捕捉できない財政需要をきめ細かく算定し、財政力の弱い市町村等に手厚く配分する」（総務省説明資料）とされており、小泉内閣における算定の簡素化では捕捉できない需要を細かく拾うという方向に転じたことが明らかにされている。平成22年度の算定で、一転して財政力の弱い団体への配慮が前面に出ているのは、地方交付税の算定を厳しくすることが効率的な財政運営に適うという方向性を見直すという、政治姿勢の転換に裏打ちされている。そこでは、財政力の弱い団体への配慮が中心であって、市町村合併との関連性は明らかではない。

## 8　地方自治法の平成26年改正と小規模町村補完

### 平成の合併の着地点

平成の合併のフォローアップとして財政面での措置はそれなりに進んできたが、行政体制整備という意味では課題を残している。平成13年の地方分権推進委員会の最終報告では、残された課題として柱の1つに住民自治の充実があがっている。市町村合併を推進することは団体自治の強化であるが、住民自治がおろそかになる懸念があり、住民自治の強化を課題としたのはそれに対する配慮の意味がある。住民自治の強化は、地域自治区や市町村合併の特例としての合併特例区などの制度改正が行われ、民主党政権では緑の分権改革など住民自治を強調する動きはないわけではなかったが、依然として大きな課題として残されている。

もう1つは、自主的合併の枠組みのなかで合併を選択しなかった小規模町村に対する行政体制整備としてのフォローアップである。それは何らかの意味での西尾私案の具体化につながる。第27次地方制度調査会では受け入れられなかったが、その後、情勢は大きく変わってきた。それは道州制の推進である。

筆者が知る限り、高知県と奈良県では、県と市町村、とりわけ中山間地の小規模町村との関係を従来以上に踏み込む方向で見直そうという動きが顕著である。両県には、地理的な条件もあって市町村合併があまり進まなかったことと、道州制構想では州都の候補にあがっていないことで共通点がある。それぞれ知事主導で、独自のアプローチで市町村行政に県が従来以上に関与している。高知県は地域支援企画員を通じて、県と地元市町村と住民が一体になって、産業振興や地域づくりに取り組んでいる。一方、奈良県は奈良モデルと称して、市町村の各種業務の水平連携を県が積極的に斡旋、推進するとともに、特定の分野に関しては県による垂直補完に踏み込んでいる。県と市町村の信頼関係の構築に始まり、取組から数年を経ることで着実に実績をあげてきている。奈良モデルは、西尾私案の具体的な展開例であるとすらいえる。ちなみに、奈良県の荒井正吾知事は、関西広域連合にも加入せず、県が広域化を通じて、国の事務権限の移譲を求める方向を志向することに対して批判的である。

小規模町村補完を県が行うことに対して、小規模町村に警戒感がない背景には、道州制の推進によって、小規模町村の強制合併の動きが出てくることへの懸念がある。第27次地方制度調査会の当時とはそこが大きく異なっている。

## 第30次地方制度調査会と平成26年の地方自治法の一部改正

改革派首長の系譜をみたときに、一村一品運動の平松守彦大分県知事を第1世代とすれば、北川正恭三重県知事や増田寛也岩手県知事などが第2世代、第3世代が田中康夫長野県知事や橋下徹大阪府知事・大阪市長ということになる。その橋下大阪府知事が打ち上げたのが大阪都構想であり、共同代表を務める日本維新の会の国会への躍進も手伝って、平成24年には議員立法で大阪都構想を推進する法律が定められ、大阪都構想の実現が可能となった。

そうした一連の動きを尻目に、第30次地方制度調査会は、大都市制度のあり方を含めた基礎自治体のサービス供給体制について検討を進め、先に示した答申を平成25年6月に取りまとめた。その内容を骨子とする地方自治法の改正が、平成26年の通常国会で審議され、与党の賛成を受けて成立する見通しである。

第30次地方制度調査会では、大都市制度に関して、①広域地方自治体が大都市を包含する都制度（ただし特別地方公共団体である特別区を設け自治権を一部付与する）と、②大都市が市域内の広域地方自治体機能をすべて担う特別市（または特別自治市）の2つがあり、現行の政令指定都市制度が、1つの基礎自治体としては人口が巨大である一方で、広域地方自治体の機能が一部しかなく道府県との二重行政の問題があるなど、中途半端という批判が宿命的について回ることを踏まえながらも、政令指定都市の枠組みのなかで、その権限を強化し、県との連携促進を進めることが望ましいという判断を示した。そのうえで、都道府県から政令指定都市への事務の移譲を進め、政令指定都市と都道府県の事務調整のための協議会設置などを通じた二重行政解消策を講じるとともに、区長に市長から独立した人事・予算等の権限をもたせるなど行政区の区長の権限強化等を通じた住民自治の強化を打ち出している。その2つは大阪都構想を推進する理由としてあげられたものに通じており、政令指定都市制度の改革を通じて大阪都構想実現の代替案を示したかたちになっている。

平成26年通常国会では地方自治法の改正と並行して、地方分権改革のための第4次一括法が審議され、そのなかでは県費負担義務教育教職員の給与等の負担、県費負担教職員の定数の決定、市町村立小中学校等の学級編制基準の決定を件から政令市に移管することを定め、それに対応して県から政令指定都市に個人住民税の税源移譲が進められることとなっている。長く懸案とされてきた大都市制度の改革は一気に加速したことになる。

そうした大都市制度の改正のほか、地方自治法の一部改正では、人口減少社会を前提とした地方自治体連携のあり方として、新たな広域連携制度である連携協約と事務の代替執行の2つを創設する。連携協約制度は、従来以上に連携推進が具体化するための枠組みを定めている。もう1つの事務の代替執行制度では、「普通地方公共団体は、その事務の一部を、当該普通地方公共団体の名において、他の普通地方公共団体の長等に管理・執行させること（事務の代替執行）ができることとする」として、水平補完や垂直補完を進める姿勢を明確にしている。

大都市制度を含めて、地方自治法の改正でめざす姿は、県とは市町村の態様に応じて、自らの役割を柔軟に見直すというものである。県は政令指定都市については従来以上にその権限を縮小して、政令指定都市に委ねる。それに対して、地方圏では、比較的規模の大きな市とその周辺市町村との間の水平連携が従来以上に進む一方で、小規模町村にあっては、県が積極的に事務の代替執行を引き受けて県の補完機能がより強化される。そこでは、県はこれまで自らの守備範囲としてこなかった事務についても、小規模町村の実情に応じて、積極的に代替執行の受け皿となることが期待されている。今次の地方自治法の改正に先立って、地方分権改革推進委員会の第1次勧告を受けた一括法のなかで、県から基礎自治体への権限移譲が成立しているが、移譲先は基礎自治体であっても、もっぱら市であって町村ではない。町村に移譲しないことで、地方分権推進委員会以来の、分権の受け皿論としての市町村合併という筋を通している。

今次の改正は、改革派首長第3世代が掲げる統治機能の改革に対して、道州制も特別市も選択せず、強制合併も実施しないと宣言したに等しいというのが筆者の見立てである。そのなかで、かつての西尾私案に対して反発した町村から地方自治法の改正に異を唱える声はほとんどなく、反対に道州制推進には全国町村会は強い反発の声をあげている。

基礎自治体中心主義という戦後の地方自治の基本から始まった一連の流れを踏まえて、さまざまな課題や矛盾はあるものの、地方自治制度の漸進的見直しによって現実的に対応するという姿勢を示したことが、今次の地方自治法の改正における画期的な意味であるといえる。自主的な市町村合併とそれへの行政体制整備の文脈におけるフォローアップがようやく可能となったことも大きな成果である。いま、いくつかの県で平成の合併の検証が試みられているが、そのなかで、とりわけ行政体制整備としての市町村合併の意義、基礎自治体中心主義として展開してきたわが国の地方自治制度の文脈、地方自治制度や地方財政制度が一種のパワーバランスの結果として運営されているという現実に目配りすることを期待したい。市町村合併をめぐる統治と自治のバランスをどこに求めるべきかが、検証にあたってもっとも重要な視点である。

# 第7章　構造改革と政権交代

## 1　改革の四半世紀の始まり　なぜ国会は分権決議に至ったのか

地方分権改革は、平成5年の国会のいわゆる分権決議と呼ばれる「地方分権の推進に関する決議」に始まるとされる。全党賛成で、衆参両院で一致した決議となった。その際、国会議員が分権決議に至った社会的背景とは何なのか。月刊『地方自治』における対談「地方分権の20年を振り返って①」(平成26年2月号)では、おおむね次のように説明されている。

平成5年の分権決議と7年の地方分権推進法は、2年の「国会等の移転に関する決議」(衆・参両院)と4年の「国会等の移転に関する法律」を先例として進められたものであり、国会移転の法律においても、単に国会の場所を移すだけではなく、第4条で総合的かつ計画的な地方分権の推進が盛り込まれている。その時点で、国会議員のなかでは地方分権の推進が必要という認識が高まっていたといえる。

そうした動きの先駆けとしては、昭和62年の第4次全国総合開発計画による「多極分散型国土の形成」がある。昭和62年に発足した竹下登内閣はふるさと創生を掲げ、当時の第2次臨時行政改革推進審議会に国と地方のあり方に関する諮問を行い、平成元年の答申では地方分権の推進を掲げている。ただし、その当時の地方分権改革の推進では、政府が改革推進要綱を作成して制度改正につなげるという手法であり、その流れのなかで広域連合や中核市の創設が実現している。

さらにさかのぼって昭和50年代の後半には、第2次臨時行政調査会が行政改革の観点から規制緩和と地方分権を掲げ、それを受けて経済界は行政改革の文脈で地方分権推進を提唱していくこととなる。もっとも、平成5年の経団連の「21世紀に向けた行政改革に関する基本的な考え」における地方分権は、行政改革というよりも国・地方の関係の見直しを提唱している。

一方、政党では日本社会党が地方分権に比較的早期から組織的に対応しており、平成4年の「自立する地方――地方分権推進法とプログラムの試み」には地方分権を推進する国会決議の提案を打ち出している。国会の分権決議の直後には、自民党が分裂するかたちで宮澤内閣に対する不信任案が成立し、自民党単独政権が崩壊するが、自民党の離党予定者が日本社会党の政策に乗ったことで流れができたという筋読みもできる。

さらに、昭和63年のリクルート事件を受けてできた政治改革の流れが、国会の分権決議につながることも重要である。当時、誕生してすぐに旋風を巻きおこした日本新党の結党宣言では、明治以来の集権的国家システムとその中核にある中央官僚制度に根差した巨大な構造障壁を除去することが盛り込まれている。この政治改革と行政改革が合流点に、地方分権改革が位置づけられる。

平成５年の国会の分権決議では、推進する方法として、地方分権を積極的に推進するための法制度の制定を盛り込んでいる。それまでの地方分権の試みでは、臨時行政改革推進審議会から生まれた地方分権特例市制度（パイロット地方自治体制度）が、運用面の見直しにとどまったことで、成果が限定的であったことを踏まえ、成果を確実にするために法制度の実現という手法が示された意味は小さくない。

細川内閣では、首相自身が日本新党結党などを通じて手掛けてきた政策であったこともあって、地方分権を進めようとしたが、政権基盤が弱く、成果をあげることなく退陣した。その一方で、第３次臨時行政改革推進審議会は、平成５年の最終答申において、地方分権推進に関する基本的な法律の制定をめざすとしたことで、後の地方分権推進法の制定の流れをつくった。続く羽田孜内閣は第24次地方制度調査会を発足させ、並行して政府の行政改革推進本部に地方分権部会を設置した。そこで意見や、地方６団体の協議会の下に設けた地方分権推進委員会が取りまとめた意見書の内容を反映させながら、平成６年11月に第24次地方制度調査会は「地方分権の推進に関する答申」を取りまとめる。それらを受けて、自社さ政権の下で平成７年５月に地方分権推進法が成立し、それに基づく地方分権推進委員会による第１次分権改革がスタートした。その内容については、第５章で詳述した。

## 2　改革の時代のアジェンダ

### 構造改革の始まりとその背景にある大衆民主主義

平成12年の地方分権一括法の施行によって、第1次地方分権改革は一定の成果をあげたものの、その時期には、経済低迷も相まって、日本の経済社会に閉そく感が漂うようになっていた。さまざまな立場から多様な改革の提案はされるものの、遅々として改革は進まないという政治の無力を嘆く声があふれ、官僚バッシングはますます激しく、鮮やかな解決を導く救世主の到来を望む期待が高まっていた。1府22省庁から代わって1府12省庁が発足した平成13年の省庁再編の直後、森内閣の退陣によって登場したのが小泉内閣である。

小泉内閣では、5年半にわたる構造改革を展開する。小泉内閣が終わってからも改革の時代は続き、21年には政権交代、24年には自公政権への再交代が実現している。その間、財政関係だけでも実に多くのできごとが起き、目まぐるしく制度の見直しが行われた。時代の密度が急に濃くなった印象がある。もっとも、この時期に起きた制度改革や運営は、すべてが同じ方向性を示しているわけではない。イデオロギーとしては新自由主義的なものが目立つが、けっしてそれ一色ではない。官僚支配打破が声高に叫ばれるが、必ずしも官僚がすべての政策について、特に大きな方向の選択に関して、グリップしているわけではない。方向性を欠いた改革が間欠泉のように政治的に打ち上げられる一方で、その後始末に多くの官僚が非生産的な事後処理に東奔西走している一方で、一部の権力の中枢に近い官僚群は、時の権力者を現実的にまた怜悧に支えている構図が垣間みえる。そうすることで目まぐるしい政治パワーの変化に柔軟に対応している。

そして、平成20年には、現代日本の大衆民主主義が生んだ代表的政治家といってもよい橋下徹氏が大阪府知事に当選し、中央政界を巻き込んだうねりをおこし、統治機構の改革を主張した。国民の目前で繰り広げられている華々しい改革劇は、大衆民主主義が政治を翻弄している結果である。大衆は、わかりやすい言葉で倒すべき敵を明確にし、市民目線で政治や社会の矛盾と闘う姿に拍手喝さいを浴びせる。しかしながら、一般大衆にわかりやすい改革のアジェンダが、本当に必要な改革であるとは限らない。いや、そうでないことの方が通例である。かくして、大衆民主主義に政治が翻弄される事態が生じる。

### 財政再建と経済成長

小泉内閣から安倍（第2次）内閣まで、常に問われてきたのは、財政再建と経済成長とバランスである。国家財政の健全化をめぐって、財政再建を急ぎたい財務省と、増税を政治的に許容できないとする政治家の抵抗という構図が従来型であるとすると、小泉内閣では、構造改革を通じて持続的経済成長を続けることで税収を伸ばし、あわせて歳出圧縮によって増税を最低限の幅に抑えるという構造改革派と、財政再建派との対立という新たな構図になった。構造改革派は、改革による格差拡大という批判に対して、経済成長の恩恵が低所得者に及ぶといういわゆるトリクルダウン効果を強調することが多い。小泉内閣は、5年半の任期中、増税を封じるとともに財政再建を急がず、郵政改革が終わった後、最後の骨太の方針である基本方針2006において、歳出・歳入一体改革というかたちで財政再建の道筋を示している。そのシナリオは、小泉内閣の後半に続いた持続的な経済成長がその後数年間続くことを前提としたものであった。しかしながら、安倍内閣（第1次）に交代したタイミングで、異例なほど長期にわたった景気上昇は終わり、逆に坂道を転がり落ちるように景気は一気に悪化した。その結果、増税抜きの構造改革だけで財政再建が可能というプランは画餅に終わった。

基本方針2006を固める過程で行われた経済財政諮問会議では、担当大臣が竹中大臣から与謝野馨大臣に代わっていたこともあって、構造改革路線のあり方で路線の一致ができなかった。会議の場で、名目経済成長率と名目金利のどちらが高いかが議論となり、いわば鞘当状態になったことに対して、出席していた小泉首相が不快感を表明するシーンが象徴的であった。名目金利が名目経済成長率よりも高い場合、公債費の伸びが税収を上回るので、増税抜きには財政再建ができないという考え方をめぐって、その妥当性が論点となった。すなわち、増税か構造改革かの論点がそこに集約されているからである。当時の構造改革路線の考え方は、安倍内閣（第2次）で主流派となったリフレ派につながっている。

民主党政権は、政権を奪取した平成21年の総選挙のマニフェストにおいて、明確に増税を否定している。民主党政権として新たに打ち出した政策である子ども手当、高校の授業料の無償化、農家への戸別補償などに必要な財源は、一般会計と特別会計の予算の組み替えによってねん出可能であると断じた（マニフェストの予算の組み替えという言葉に対して、財務省は従来、予算の概算要求基準と呼んでいたものを概算要求組み替え基準と呼び換え、政権再交代後に元に戻している）。しかしながら、平成22年度の予算編成では、国税収入が大きく落ち込むことが予想されるなかで、国債発行額を自公政権時代並みに抑える必要から、予算編成は難航し、一時期、政府予算案の決着は年を超えるのではないかといわれた。結局、小沢一郎幹事長の決断で、ガソリン税の暫定税率分の引き下げという公約を撤回することで年内の政府予算案の作成が可能となった。また、子ども手当は予定額の半額で始められたが、その後も、満額になることはなかった。マニフェストの完全実現は、民主党政権の２年目になると相当難しいとみられるようになった。

ところで、民主党政権としての最初の税制改正である平成22年度では、麻生内閣のときに定められた附則第１０４条が改正されなかった。同条は消費税率の見直しを含む抜本税制改正が23年度に決定することを定めているので、増税を否定したマニフェストとは矛盾する。民主党政権のなかにあっても、増税は不可避という判断は、党内の全面賛成ではなかったとしても、根強いものがあったと想像される。鳩山政権は、増税を否定していたが、その反面で、首相交代の直前に財政運営戦略（その次の年度から中期財政フレームとして継続、政権再交代後は中期財政計画に名称を変更）を定め、そのなかで、増税実現までは基礎的財政収支対象経費を平成21年度の水準に据え置く方針を示している。そのような財政フレームは、民主党政権のマニフェストに完全に反しているとまでは断言できないが、積極的に沿ったものではない。また、基礎的財政収支対象経費はそれまでになかった用語であり、従来の一般歳出とは異なり、それを歳出抑制の対象とすることで、地方財政関係費あるいは地方交付税交付金がキャップをかぶせる対象に含められることとなった。

平成22年6月に菅直人内閣が発足したが、直後の参議院議員選挙で大敗し、衆参両院で再びねじれ状態が生じた。菅内閣は政権浮揚のための政策を模索するなかで、マニフェストに反して財政再建とそのための消費税率の引き上げの方針を打ち出した。そのことは、民主党の分裂に大いに影響を与えることとなった。後に社会保障・税一体改革と呼ばれる動きは、平成22年秋から開始され、内閣改造で野党から与謝野氏を担当大臣に据えて、その実現に並々ならない決意を示した。しかしながら、平成23年3月の東日本大震災の後は、菅首相自身の財政再建にコミットする姿勢は急速にしぼんだ。そうしたなかでも、6月末には社会保障・税一体改革の成案が固まり、さらに12月末には素案が固まっている。素案では、消費税率の引き上げ分のうち、国と地方への配分のあり方が焦点となり、そこでは、地方の社会保障給付にかかる単独事業の範囲と金額をどのように見積もるかがポイントとされた。

成案決定の後に、菅首相は辞任し、野田内閣が誕生した。野田首相は増税実現路線を引き継ぎ、平成24年３月に国会に税制抜本改革法案を提出した（附則第１０４条は23年度中の法改正を求めている）。税制抜本改革法案は、野党の協力によって８月に成立し、12月に実施された総選挙で、自公政権が復活している。

民主党への政権交代後に、交代前に予定していなかった増税を首相が主導し、それがために与党の一部が離反するなど党内基盤が崩れて政権が弱体化し、やがて政権が崩壊したことは、かつての細川政権の国民福祉税騒動を想起させる（そのときは未遂であったが）。野党が与党になった際に、財政問題の深刻さを初めてわがこととして強く感じ、それが増税に踏み切る政治決断に至った要因といえるのではないか。社会保障・税一体改革は、野党と与党が入れ替わり、国会議員のなかで与党経験者が増えたことで、増税法案成立のための条件が整った。消費税の導入時や、３％から５％への税率引き上げは、所得税減税との税収中立のなかで行われたが、10兆円を超える規模の純増税であり、日本の税制史上、空前の規模の増税として特筆されるべき事柄である。

現代日本において社会保障は最重要な政策であり、特に子育ての社会化などユニバーサルサービスの徹底などを進めていくなどの課題が目白押しであるが、その一方で、増税に対する国民の理解を得るためのものとして社会保障のあり方が問われてきたことは否定しがたい。平成22年に、成案作りに向けての段階として有識者会議が設けられ、12月に「社会保障改革に関する有識者検討会報告」がまとめられているが、その前半部分こそ社会保障を充実する社会理念が語られているが、後半は財政収支の議論に終始しており、木に竹を接いだ印象が強い。社会保障・税一体改革は社会保障3経費（年金・医療・介護）＋子育てに限定され、医療との関係が強い保健や、障害者福祉、生活保護などの分野が対象外となっていることも要注意である。そのことをもって、社会保障のあり方を問う内容ではなく、増税の根拠を説明するものだという指摘も可能である。安倍内閣（第2次）では、かつての基本方針2006のように、社会保障といえども聖域とせず、毎年度の自然増を2000億円強抑制するために制度改革上の宿題を課すといった厳しい姿勢は打ち出していない。とはいえ社会保障の見直しが進められるなかで、財源論に偏重した改革に陥る懸念は拭いがたいところがある。

## 地方分権改革と統治機構の改革

改革の時代のアジェンダとして、財政再建に並ぶ重要政策として常に注目を集めてきたのが地方分権改革であった。地方分権の流れは、大きく分けて2つある。1つは、地方分権国家としてスタートしたはずの戦後の政治体制のなかにあって、国と地方の関係が実態として上下主従の関係から脱しきれずに、法律面でも財源面でもあるいは実態面でも中央集権の風潮が残り、しかもそれが改善されるどころか、次第に強まることを懸念して、地方分権改革を漸進的に進めていこうとする流れである。そこでは、地方分権改革は、一種の永久運動として観念される。

もう1つの流れは、地方分権を歳出の削減・合理化という意味での行政改革の文脈で理解することや、あるいは閉塞した政治状況の打破などのために、統治機構の抜本的な改革を意味することと受け止めることである。

2つの流れのうち、前者を代表する論者が西尾勝東京大学名誉教授であり、地方分権推進委員会やその後の地方制度調査会などの地方分権改革の節目節目で重要な役割を果たしてこられた。一方、後者の流れは、第2次臨時行政調査会などの行革路線に端を発した、市場主義的なイデオロギーを帯びた構造改革路線である。昭和から平成に変わったことから経済界がその流れをつくるようになる。

地方分権改革が曲がりなりにも進んだのは、後者の流れの後押しがあったからであって、前者だけではいわば自治業界だけの詠嘆に終わり、政治的な運動には結びつかなかった。したがって、西尾氏などは、後者の流れをあえて全否定せずにむしろ取り込みながら、前者の流れの地方分権を漸進的に進めることに腐心してきたところがある。第28次地方制度調査会で、道州制の早期導入には自身は反対とも賛成ともせずに、あえて道州制を検討する際の議論の枠組みを提示しようとした点などにそれが象徴的に表れている。

近年では橋下大阪市長らが提唱する大阪都構想が議員立法で成立したことを踏まえながら、西尾氏は自身が会長を務める第30次地方制度調査会において、政令指定都市制度の大幅な改革や都道府県から政令指定都市への思い切った権限移譲を盛り込むことで、事実上、都構想に対する対案を示し、都構想の課題を浮き彫りにしたのも同じ趣旨であろう。地方制度調査会として、これまでのわが国の地方自治制度の文脈の延長にある選択肢として、基礎自治体中心主義に沿った地方分権を漸進的に推し進めるための政令指定都市制度の大幅な改革案を示した（おおむねそれに沿って地方自治法等の改正が進められた）。

さらに、西尾氏が第27次地方制度調査会で問題提起した、いわゆる西尾私案（第6章参照）は第27次地方制度調査会の答申でこそ検討事項にとどまったが、第30次地方制度調査会では都道府県による小規模町村の補完のあり方について踏み込んだ提言を行い、基礎自治体中心主義を貫くうえで不可欠となる小規模町村に対する体制整備の課題について、漸進的に解決策を示し、同じくそれに沿って法改正が進められた。

一方、小泉内閣で検討された道州制特区や、安倍内閣（第1次）で検討された道州制ビジョンのほか、自民党の道州制の検討や経済界の提言など、道州制が盛んに議論されてきた。道州制が推進される論理は、行政改革や官僚批判、あるいは国に対する地方のルサンチマンとしての改革論議に基づくという印象を伴う。日本維新の会は、大阪都構想を進めながらも、道州制を推進するというわかりにくい経路をめざしている。橋下市長がしばしば口にする統治機構の改革は、地方分権の論理というよりも、国民のなかにある漠然とした怒りや不満あるいは不安と、それを打破する救世主の登場に期待する時代的雰囲気を刺激することに意図があるとの印象が強い。それに支持が集まる限り、それもまた国民の声である。

民主党政権時代には、自公政権とは異なる方向で、地方分権を一層進めようと意気込んだが、政権再交代後に旧政権の政策の多くは見直しが進められ、再交代後に残った地方分権の成果は、安倍内閣（第１次）で発足した地方分権改革推進委員会の第１～３次勧告をベースとした義務付け・枠付けの見直しや、直轄事業負担金の維持管理にかかる部分の廃止等、少数の項目にとどまっている。そして、自公政権に再交代後に、一括法（第３次・第４次）が成立すると、大きな制度改革を伴う地方分権改革は一服感が漂っている。

地方分権は、統治と自治のバランスのなかでの軸を微調整することであり、一方的に統治の論理をないがしろにするものであってはならない。民主党政権は地方分権ではなく、地域主権と称したが、そうした言葉の使い方の誤りに、その危うさが表れている。地域に主権があるとは革命の論理であり、政府・与党がそれを口にするのは妥当ではない。橋下市長の唱える統治機構の改革という表現にも、それが現実的な制度改革の議論としてみる限り、妥当な方向性であるかどうか、筆者にはいくつか疑問がある。

## 財政投融資と年金等の制度の持続可能性

財政投融資の持続可能性が大きく問われた時期があり、それを受けて小泉内閣では、最初に、道路公団の民営化問題がアジェンダとして取り上げられた。財政投融資は伏魔殿であると喧伝され、そこにみえない国民負担が発生しており、ある日突然、それが顕在化するという見方が、相当浸透していたところがあった。研究者のなかで、そうした見方に与する者もいたが、筆者の見立てではおよそ客観性がない。

財政投融資は、規制金利から自由金利体系に変わるなかで、かつて決定的な問題を抱えていた。固定金利体系のなかでは長短金利が一定のスプレッドで関係づけられていた（かつてはそれを四畳半金利体系と呼び、日本銀行が公定歩合を操作すれば、長期金利も含めて全体が一定のスプレッドで変動する仕組みであった）のに対し、自由金利の下で短期金利が極端に高い状況では、理論的には、右肩下がりのイールドカーブさえあり得る状況となった。ファンドとしての財政投融資が、金利変動リスクを吸収するためには、調達と運用のマチュリティのギャップを自動的に解消するＡＬＭの仕組みの導入が不可欠である（同時に、郵便貯金の定額貯金の金利決定の変更も必要な措置であった）。当時の大蔵省理財局のなかで、そのことをいち早く認識し、ＡＬＭを導入した資金運用の仕組みを構想し、その実現に貢献したのは、大学で数学専攻という異例のキャリアをもった高橋洋一氏であった。財政投融資の近代化が何事もなかったように進んだが、そのことはあまり知られていない。

また、財政投融資機関については、ビジネスモデルとして、貸倒等に対する一種のリスクヘッジがされている。財政投融資機関は、財政融資資金を融資されると同時に、一般会計から出資金の交付をされる。したがって、自己資金である出資金と他人資金である財政融資資金の2つで事業を展開することとなる。その際、政府出資については、政府への配当が強く求められることはない（旧輸開銀の場合には国庫納付が経常的にされていたが、それは他の政府関係金融機関に比べて出資金が厚いという事情もある）。したがって、出資金に対する帰属金利分が補助金として機能し、さらに、貸倒についても政府出資金からの償却の範囲で収まる限りにおいて、財政投融資が返済不可能という状況に陥ることはない。すなわち、財政投融資において、十分な事業収入が得られないときには後年度に大きな財政負担をもたらすという見方は正確ではなく、むしろ先に出資金を出しておいて、収益が十分あがらなかった場合であっても、その範囲でカバーすることで融資の返済の確実性を確保する仕組みであるとみることができる。

平成13年の財政投融資の抜本改革の際に、いわゆる政策コスト分析が導入された。それはアメリカの連邦信用計画におけるコスト分析を参考に制度設計されている。政策コスト分析は、財政投融資計画に伴って将来必要となる資金投入（交付金等）や国庫納付の額を予想して、事業終了時までの割引現在価値を算定するものである。したがって、政府の貸借対照表を考えた場合に、特殊法人への出資金は資産に計上されるが、政策コストは政府出資金の毀損額として注記に書かれるべき額に該当する。その場合、政府出資金が政策コストを下回ることがなければ、財政融資資金の償還は可能であることを意味する。実際に、財政投融資機関は、基本的に政策コストが出資金を下回っており、ごく例外的な機関はあるが、財政投融資機関の総計でみると出資金が政策コストを上回る。したがって、財政投融資で将来の国民負担が発生しているというのは誤解であり、財政投融資は持続可能である。

平成13年の改革では郵便貯金の運用部資金への預託制度が廃止されて、財投債と財投機関債が導入されたが、財投機関債の導入に賛同する意見は、市場が財投機関債の金利水準を通じて、財投機関の事業の適正規模が裁定することに期待することであろう。しかし、実際にそのねらいについていえば空振りに終わった感がある。また、財投機関の統廃合も、政治的には大きな改革であるが、財政投融資のシステムにかかるものではない。

財政投融資については、持続可能性が疑われ、仕組みそのものを変えるべきという見方をされてきたが、実際には持続可能性は抜本改革の時点ではほとんど問題ではなかった。むしろ、メカニズムの改革ではなく、短期間に急増した規模を是正し、量的な縮小を進めることが重要であったが、抜本改革以降、財政投融資を経済対策に用いることもなくなり、公共事業全体が縮小されるなかで、量的な縮小も相当進んだ。

### 内閣主導・官邸主導の政策決定と官僚批判

国家が担うべき政策は多岐にわたっている。その全容を少数の個人が把握し、適宜適切に対応することは本来、不可能である。しかし、国家統治を担う者は、それができないとはけっしていえない。

何らかの分業体制によってそれをやり遂げなければならない。既述のように、筆者は利害関係者でない研究者があるべき政策を主導すべきという研究者の役割論には賛成できない。政策運営が難しいのは、利害に惑わされる弊害以上に、政策運営にあたって理解すべきことがあまりにも多岐にわたっており、その全容を理解することは研究者といえども難しいという側面を重視すべきと考えるからである。

省庁再編は、各省の上に内閣を置いて、内閣府による各省の政策の統合を果たそうとした。その結果、内閣府が各省マターを調整する権力闘争の場となることは避けられない。そうしたなかにあっても、小泉内閣の経済財政諮問会議は、類のない特別な役割を果たした。それは小泉首相という特異なキャラクターと、国民の高い支持率を背景にした与党内におけるパワーの強さ、および狂言回しの竹中担当大臣のたぐいまれない実務的な能力と政治センスのよさなどの条件が整ったためである。その場合であっても、経済財政諮問会議はきれいごとをいうだけであって、その後始末は各省に丸投げで、経済財政諮問会議の関係者が汗をかかない（利害調整に腐心しない）ことに対する不満は当時からあったように仄聞する。また、各省の内在的論理を無視した判断を経済財政諮問会議が行った場合には恨みが蓄積し、政治パワーのバランスが変わったときに反動が起きる原因となる。内閣主導はその意味で容易ではない。

一方、小泉内閣では官邸主導という点でも特徴的であった。官邸で処理される案件は、表に出ないものも多く、多くは外交に絡む国家機密に属するものである。各省にまたがる政策マターが錯綜する。官邸はその力ゆえに、各省を動かすことはできるが、やはり各省の内在的論理を理解したうえでバランスをとらなければ、さまざまな抵抗が生じて機能しなくなる。そこでは調整役の俗人的な部分が成否を大きく左右すると考えられる。国家が担う把握しきれないほどの大きな政策課題を、その歴史的・政治的な背景や技術論も含めて正確に把握し、状況の変化に応じて臨機応変に対応することが期待されているが、そのような不可能なことを可能にするのはひとえに俗人的な部分である。仕組みや制度は重要だが、それを整えるだけで可能と考えてはならない。

官僚は各省の強大な壁に守られた組織であり、そこでは組織の論理が優先される。組織の自己防衛本能も働く。利権にも敏い。放っておけば部分最適に走り、国家としての全体最適にならない。官僚批判は、具体的な事例についてはは妥当な場合も多いが、官僚批判を積み重ねても生産的な議論にはならない。各省の内在的論理には、国民の福利厚生につながるという意味で、すべて何らかの妥当性がある（文字どおり部分最適である）からである。

官僚の内在的論理に配慮しつつも、全体最適に結びつけることは難しい。公務員制度の改革や意思決定の仕組み、予算編成の手続きなどを通じた制度改革によって、それを実現する試みは過去何度もされてきたが、決定的な成果はあげられていない。官邸主導も内閣府主導も、その制度的枠組みだけではなく、中枢を握るキーパースン次第である。そのことを無視して、魔女狩りのような官僚批判を繰り返し、いたずらに公務員制度を改革したり、給与などの処遇の見直しをしたりすることは危険である。

大衆社会にあって、ルサンチマンは政治を動かすエネルギーである。国民のそこはかとない政治不信は、官僚に対する批判と簡単に結びつく。それを解消する鮮やかな政策を国民は期待する。しかしそれは見果てぬ夢である。民主党政権は、歳出の見直しにあたって、内閣府主導でも官邸主導でもなく、事業仕分けという手法を重視した。そこでは国民の期待を背負って、仕分け人という専門家集団が登場した。そこで問われるべきは、仕分け人が官僚の内在的論理に迫って、官僚に対して表面的にはともかく、深い部分で心に届く批判を展開できたかどうかである。時代の風を受けて大きなパワーを与えられて、ときに技術的に間違った論理で官僚を屈服させようとした場面は少なくなかったのではないか。オルテガのいう大衆の反乱とは、大衆が自身の属性に反して主導権をもとうとする自身に対する反乱であり、その際の大衆とは一般人というよりも、範囲の限られた専門的な知識を拠り所に、その世界観のなかで正しいと考える政策が実現されるべきだと考える者であると、佐伯啓思京都大学教授は解釈している（『20世紀とは何だったのか―現代文明論〈下〉「西欧近代」の帰結』、ＰＨＰ新書、２００４年）。事業仕分けとはまさにそのような場であり、内在的論理を無視した見降ろした一方的な論理を展開したことで、多くの恨みを買いながらも、民主党政権にあっても限定的な成果しか残せなかった。

## 3　小泉構造改革は小さな政府路線・新自由主義的改革と呼んでよいのか

### 小泉構造改革の主なアジェンダ

平成13年度以降の日本財政の動きは、小泉内閣・安倍内閣（第1次）の構造改革路線と、その後の福田政権以降の流れの変化に分かれる。その際、小泉構造改革について、新自由主義的改革と呼んでよいかが大きなポイントである。以下では、小泉構造改革の具体的なアジェンダとして、不良債権処理・金融の再生、財投機関改革・郵政改革、財政健全化、地方自治・地方財政関係の改革の4つを取り上げて検討する。

小泉内閣で実現した経済政策のなかで、もっとも大きな成果と評価できるものは不良債権処理・金融の再生である。銀行に対して公的資金を投入し、一時国営化しながら、不良債権を償却し、債権の健全化を図ることは、外科手術として相当厳しい、また規模の大きなものであった。金融機関に対する厳しい検査は、それまでの政府と金融機関の関係からは想像も及ばないものであった。まさに構造改革と呼ぶにふさわしいものであり、経済の再生を果たすためには、弊害も大きい一方で避けられないできごとであった。竹中大臣は大臣時代の回顧録の大半を、金融担当大臣や経済財政担当大臣としての働きに費やしているが、それだけ不良債権処理・金融の再生は問題が重く、思い入れも深く、成果も大きかったからであろう。

## 財投機関改革・郵政改革

一方、財投機関改革・郵政改革は、それがもたらした政治的なインパクトの大きさとは裏腹に、経済政策としての重要性は、日本の経済構造への影響という点で、筆者の見立てでは超一級ではない。財投機関改革では日本道路公団などが対象となった。そこでは高速道路の関係公団の組織の見直しと、高速道路の建設計画にストップをかけることが焦点となった。日本道路公団をはじめ、道路関係財投機関はおおむね政府出資金が政策コストを超えているという意味では健全であった。日本道路公団の貸借対照表が債務超過ではないかという新聞報道（さらに貸借対照表の試算結果の存在を公表しなかったこと）が、日本道路公団の改革論議に影響を与えたこともあったが、貸借対照表がどうであろうと、日本道路公団の持続可能性は実は問題ではなかった。問われるべきは、高速道路の建設計画をどこまで進捗させるかであった。日本道路公団の組織改革には、何もしなければ半永久的に建設を継続した可能性のある「道路公団」というビジネスモデルを破壊する意味があった。その一方で、高速道路の建設の進捗は、とりわけ大都市圏以外の地域では悲願であり、都市とそれ以外のバランスという点で、建設をすべて止めることはできなかった。そこで高速道路の進捗を抑制しないために、新直轄方式による道路建設として地元地方自治体の負担を求める方式が導入された。

日本道路公団をはじめ、高速道路の関係公団の組織の見直しは、やや中途半端な形に終わり、高速道路の建設計画は、見直されたものの引き続き建設を続けることとなった。なお、民主党政権では、高速道路の無償化の試みが一部の路線に限定して実験と称して実施されたが、それもまた何らかの財政負担を伴うものであり長続きしなかった。

また、郵政改革についてはすでに述べたように、郵便貯金の主力商品である定額貯金は、金融システムとしては持続可能なものである。定額貯金は最長10年まで保有でき、金利の上昇局面では、一定期間以上の保有期間があれば補償金なしに高い金利に乗り換えるオプションがついている。それはオプション付きの小口国債としての性格があり、国債金利に対して、オプションのコストに適うだけ利回りが引き下げられていれば、金融の論理に対して無理のない妥当な商品ということになる。定額貯金は、おおむねそのような商品であると評価される。郵便貯金に金融システムとして致命的な欠陥があるわけではなかった。

郵便貯金が大きな資金を集めすぎているので、出口である財政投融資計画が大きくなりすぎているという指摘は、財政投融資というシステムの理解としては首肯しがたい。財政投融資は財政ではなく金融システムであるので、財投資金の調達に対して、財政投融資計画としての運用は量的に相関する必要はない。資金運用部預託を停止して、財政投融資債による調達に変えることは、調達と運用を切り離すという意味はあるが、資金運用部預託のままで財政投融資計画を圧縮することであっても、本来、財政投融資の改革としてやりたかったことは実現できたはずである。もっとも、それは財政投融資計画として融資できる余力がありながら、あえて財政投融資計画を限定することであるので、政治的に可能であったかどうかは不明である。

かつては、経済対策といえば、財政投融資の仕組みを多用することが常套手段であった。現在もその向きはないわけではないが、かつてほどの規模ではさすがに実施しにくくなっている。財政投融資計画の規模はピーク時の半分以下となっている。その意味で、小泉構造改革が与えたインパクトは大きい。

## 財政健全化

小泉構造改革における財政健全化は、小泉内閣におけるクライマックスである平成17年の郵政選挙に勝ち切って郵政改革法案が成立した後の、いわば余滴となる1年弱のなかで行われている。小泉内閣としては、財政再建をあえて急がず、それ自体は最優先の政策ではなく構造改革が成功した結果に伴うものという位置づけであったといえる。その点は、小泉内閣に先立って財政構造改革を行おうとした橋本内閣とは大きく異なっている。小泉構造改革では、主として増税による財政再建はめざさなかった。それでは国民の理解は得られないということであろう。持続的な経済成長と歳出の強い抑制で実現しようとした。持続的な経済成長は、小泉内閣の任期の後半には達成できたようにみえたが、その後も続くことはなかった（仮に小泉内閣が継続していたとしてもおそらくなかった）。社会保障を中心とする歳出の圧縮は、格差拡大をもたらしたとして国民感情を悪化させ、小泉内閣以降はその反動によって大きな揺り戻しが起きた。その意味で、増税なしに財政再建ができるという構図は、たとえ数字上は可能であったとしても、景気拡大局面が長く続いてもいずれは悪化することと、構造改革の痛みは長い目でみると国民に受け入れがたいという2つの意味で、画餅であったといえる。

社会保障については給付の抑制であったが、公共事業などの投資的経費については大きく圧縮された。その落ち込みぶりはドラスティックなほどである。道路特定財源の見直しこそ安倍内閣（第1次）に譲っているが、社会資本整備関係の5か年計画は軒並み見直され、分野別の計画は一本化され規模が縮小された。公共事業費の圧縮は、日本道路公団等の見直しや財政投融資の規模縮小と連動して、いわゆる土建国家の終結を宣言するにはインパクトのある動きであった。その動きはその後の民主党政権でも引き継がれ、量的には相当極端に落ち込んだことで、その後、社会資本の更新投資の財源不足が、大きな政治課題になるほどの規模に及んでいる。また、人件費関係では、地方公務員の給与関係経費の圧縮が、定員削減を通じて過去にないペースで進められた。人件費の圧縮問題は、小泉内閣以降も基本方針2006にしたがって継続的に進められ、その後には、東日本大震災後の復興財源との関係で、平成24年度から国家公務員で、25年度からは地方公務員で、期限を切って給与水準の大幅引き下げにつながっている。

## 地方自治・地方財政関係の改革

最後に、地方自治・地方財政関係の改革についてであるが、それに関連するアジェンダは、小泉内閣では様々なかたちでインパクトを与えたが、小泉首相はそれほどの思い入れはなかったように思われる。少なくとも郵政改革に比べると、首相自身の関心の強さは及ばない印象である。小泉内閣では自民党の金城湯池たる地方もまた改革の対象となったというのが、妥当な見方ではないかと思われる。それは日本医師会と医療費抑制との関係に似ているといってもよい。

小泉内閣では、地方自治・地方財政関係で、まず三位一体改革が大きなテーマとなった。三位一体改革では、小泉内閣発足の直後に各省に対して構造改革の課題に進んで取り組むように促された際に、当時の片山虎之助総務大臣が、それまでの地方分権改革の流れをくんで、国庫支出金の見直しと、悲願である税源移譲の実現を図ろうと仕掛けたことに端を発している。その際に、地方交付税の圧縮という要素を加えることで、小泉首相として同意できる枠組みを作ったところがポイントであった。国庫支出金で事業官庁、税源移譲で大蔵省、地方交付税の圧縮で自治省に、それぞれ汗をかかせるという構図である。三位一体改革の命名者は片山大臣である。

税源移譲が実現するうえで、政治的には大きなドラマがあった。その前哨戦が、平成15年の経済財政諮問会議で、片山大臣と塩川正十郎財務大臣が激論を交わしたことであった。塩川大臣は税源移譲を否定し、小泉首相が逆に移譲に傾いたにもかかわらず、塩川大臣が首相の意向を懸命に打ち消そうとしたこともあった。また、地方分権推進委員会の後継機関として設けられていた地方分権改革推進会議は、同時期に税源移譲にまったく後ろ向きな意見書を取りまとめた。地方分権改革推進会議の議長は、財政制度等審議会の会長職にもあり、同会議には税源移譲に前向きな小泉首相の意向が伝わっていたにもかかわらず、その意見書は税源移譲どころか、地方交付税の抜本改革といった、伝統的な地方財政制度を全否定するような案になった。地方分権改革推進会議は、その結果、地方から強い反発を受けただけでなく、委員会内の意見対立が先鋭化して分裂状態に陥った。そこで三位一体改革は経済財政諮問会議と官邸をベースで進められることとなり、平成16～18年度予算において段階的に実施された。

三位一体改革が実現にこぎつけたのは、総務大臣が麻生大臣に代わり、麻生大臣の発案で、廃止すべき国庫補助負担金の候補を地方側に作らせたことがある。地方側の意見が四分五裂となってまとまらないという見通しを覆して、地方は案を作成した。三位一体改革における政府と地方の折衝が機能したことをベースとして、後に国と地方の協議の場が法定化されることとなった（三位一体改革のときには恒久的な制度ではなかった）。ただし、その際にも、国庫補助金と国庫負担金の違いという、シャウプ勧告とその後の地方財政法の改正以来の問題が頭をもたげ、国庫負担金の多くは削減できず、補助率の圧縮に終わっており、地方分権改革という意味では実質的な成果はあまり得られなかった。4兆円の国庫支出金の見直しという数値目標の達成に重きを置いた結果、その達成が重視されすぎて、補助金の一般財源化による地方の財源面での自由化という議論を置き去りにし、何のための改革であるかがみえなくなった印象もある。さらには、投資的経費については金額の圧縮が進められ、4兆円の国庫補助負担金の圧縮に対する税源移譲は3兆円であって、そのこともあって、地方財源が平成16年度地方財政ショックなどを通じて総額として圧縮された。

そのために、地方関係者にとって、三位一体改革とは、3兆円の税源移譲が達成された画期的なできごとであったにもかかわらず、財源面における地方分権における成果という評価はほとんどなく、地方が財源圧縮に苦しめられた悲劇の事件として記憶されてしまっている。それは税財源の地方分権の推進において一種のトラウマをつくってしまったという意味では後味の悪さが残ってしまった。

その一方で、第6章で述べたように、市町村合併の推進のうえで、山を動かすに十分なショックを与えた。地方関係者に対して、与党との蜜月関係に守られているという感覚を破壊するインパクトがあったといえる。

地方財政ショックには様々な評価があるが、それを擁護する見方が、地方関係者の一部にもないわけではない。小泉改革が進行中のなかで、地方財源を守ろうとしてもかえって抵抗勢力としてのターゲットにされてしまう懸念があった。そうでなくても小泉内閣が成立後の平成14年度予算以来、毎年度、地方財源の圧縮は進行中であるなかで、少しずつではなく一気に圧縮した方が、被害を最小限に食い止められるという見方である。それでも地方自治体の財政運営に与えた傷は大きく、その影響は後を引いた。結果的に、地方財政ショック以降の年度の地方財政対策では、一般財源の大幅な圧縮を継続することなく、財源総額の確保がめざされ、おおむねそれを達成している。

市町村合併と並行して、道州制についても小泉内閣は検討を着手した。ただし、道州制は全国一律の制度としてではなく、手あげ方式で意欲のある地域から先行するという形をとった。もっとも、道州制ほどの国家の体制を大きく変えるほどの大きな課題を、特定の地域から先行させるという姿勢には疑問を感じる。道州制特区は北海道に対する予算措置として先行して平成16年度から始まり、その後、道州制特区推進法が平成18年12月に成立している。その動きは、安倍内閣（第1次）において設けられた道州制ビジョン懇談会まで引き継がれた。平成19年1月に検討が開始され、20年3月に中間報告をまとめたが、その後、政権交代によって検討が事実上、途切れるかたちで終わっている。平成24年の自公政権への再交代は、道州制の推進のリスタートかと思われたが、与党に復帰した自民党は道州制に以前ほど強い意欲を示さなくなった。

三位一体改革は平成18年度予算編成まで続けられ、その後、小泉内閣における地方自治・地方財政関係の重要な改革は、竹中総務大臣の下での地方分権21世紀ビジョン懇談会、およびそれを反映させた基本方針２００６に舞台を移す。小泉内閣の任期終了がみえているなかでの時間との闘いにもなったところがあるが、地方分権21世紀ビジョン懇談会の報告書は、市場主義改革の観点で地方財政制度の根幹を崩そうとする意図が読み取れる。そこから出てきたものは、破たん法制、新型交付税、地方債の完全自由化（統一条件交渉の廃止から協議制の廃止まで）、事業費補正等の基準財政需要額への公債費算入の廃止、義務付け・枠付けの見直し（通常の地方分権という文脈ではなく、財源保障の必要性を減じるというイメージではなかったかと推察される）などである。また、公会計については、地方分権21世紀ビジョン懇談会とは別に研究会を設け、国の省庁別財務書類の会計基準に準じたいわゆる基準モデルを地方自治体に導入しようとし、そのことも地方行革の新指針というかたちで地方分権21世紀ビジョン懇談会の最終報告に盛り込まれている（公会計については、平成26年度になって、基準モデルを簡素にしたうえで会計基準の統一が図られることとなった）。基本方針２００６を受けて実現に向けて進みだすのが、地方財政の再建法制の改革、いわゆる新型交付税の導入、義務付け・枠付けの見直しを主たる目的とする地方分権改革を検討する法律的枠組みと検討委員会（地方分権改革推進委員会）の設置などである。

### 小泉構造改革の通奏低音

さて、小泉内閣によって展開されてきた政策を俯瞰するときに、それは小さな政府・新自由主義的政策といえるのであろうか。答えは yes or no である。確かに増税への消極的姿勢、歳出の圧縮、社会保障制度への不寛容、あるいは規制改革の推進などは小さな政府・新自由主義的政策と同じベクトルを示している。しかし、小泉首相にたとえばハイエクのような思想なり哲学なりがあったという印象もまたない。地方分権21世紀ビジョン懇談会の報告書は、地方行政・地方財政に対する市場主義的改革といえるが、それは小泉首相自身が強くコミットした内容ではない。

小泉構造改革とは、「既得権者への敵対」であると考えるべきではないか。郵政改革や道路公団改革、あるいは公共事業の削減を強く求めたのは、それがある種の与党内の政治的利権構造としてセットされ、侵さざるべきものとなっており、自民党をぶっ潰すと叫んだように、それを破壊することをめざしたものではないか。郵政改革は、平成研つぶしのようにもみえる。

公務員人件費の圧縮が公務員という既得権者への攻撃であることはいうに及ばず、三位一体改革も、事業官庁、大蔵省、自治省への打撃であり、地方財源の圧縮は地方自治体関係者への攻撃である。小泉改革に限らず、その後の現代日本の改革論は、しばしば市場主義と結びつくことで推進のエネルギーを得るが、それと同時に、ルサンチマンの対象となる既得権との闘いという構図として打ち出されることが多い。民主党政権が政権交代にあって打ち出した諸施策も、自民党時代の利権政治の打破という装いが多い。

小泉内閣において、政策自体は実現したものの、その効果として筆者からみて疑問が残るものは、財投機関改革・郵政改革と地方自治・地方財政関係の改革が、日本の経済構造に与えた影響である。その反面で、既得権との闘いという構図は明確であったように感じられる。小泉構造改革は、土建国家の構造を破壊したが、それ以外のことも多く破壊したことで、自公政権は礎を失い政権交代に追い込まれた。しかし、後述のように、民主党政権もまた既得権との闘いという構図を描いたことで、十分な政権基盤を確立できないまま再交代を迎えることとなった。

## 4　液状化する自公政権　福田・麻生内閣

小泉内閣以降、安倍内閣（第1次）から野田内閣まで、平均して1年で総理が交代する異常な事態となる。歌手1年、総理も1年の使い捨てである（竹下首相は総理2年の使い捨てといったが、自身の政権は2年未満で退陣している）。

福田政権の特徴は、政策方針を小泉構造改革路線から変更するとあからさまに宣言こそしていないが、明らかに潮目が変わっている。そのよい例が、社会保障国民会議を設置して、社会保障制度によって国民に安心を与えることを考えた場合、消費税率をどの程度まで引き上げるべきかを検討し、後の社会保障・税一体改革につながる動きを始めたことである。また、地域活性化についても、従来の公共事業を中心とする政策ではないが、定住自立圏というかたちで、小ぶりの政策として打ち出している。

福田政権が、安倍内閣（第1次）の参議院議員選挙で大敗したことで生じたねじれ国会のなかで政権運営に行き詰まり、代わって麻生内閣は、政権交代後に総選挙を打ち出すものの、リーマン・

ショックによって経済対策に切り替え、衆議院解散の時期を失した。その後、さまざまな不運にも見舞われ、失地回復できないままに総選挙を迎え大敗して、政権交代が実現している。麻生内閣になると、自公政権の基盤が崩れて液状化し、立ち行かなくなったといった印象が強い。自民党のなかで、小泉内閣時代の構造改革路線と、福田内閣・麻生内閣の中福祉・中負担路線が混在し、路線転換を明確にしきれなかったことで、党内世論が常に不協和音となり、政権が足元から崩れていったことも液状化の原因であると考えられる。

そうしたなかでも、麻生内閣の平成21年度予算では、戦後改革以来の地方関係者の宿願であったできごとが、生活対策という名の経済対策に地方への資金対策が盛り込まれたことで、前触れもなく突然実現するという僥倖に恵まれた。一般会計の地方債を広く引き受ける機関である地方公共団体金融機構である。また、福田政権では平成20年度予算において地方法人特別税・同譲与税の導入に伴い地方再生対策費という歳出枠を設けて、小規模団体への財源配分上の配慮を行ったが、麻生内閣では21年度予算においてそれを一層拡大して、地方交付税の1兆円の別枠加算や歳出特別枠を設けている。そうした考え方は、民主党政権になってからも継続され、別枠加算は税制抜本改革の実現まで、歳出特別枠は中期財政フレームのなかでそれぞれ期間を限定しながらも継続されている。

福田・麻生内閣から民主党政権までは、経済情勢の悪化もあって財政再建という意味では、小泉内閣に比べると、後退を余儀なくされた期間である。麻生内閣では、日本経済は全治3年という診断に基づいて、まずは経済対策を実施し、その後に附則第１０４条で税制抜本改革を打ち出した。それに対して、民主党政権では財政運営戦略と中期財政フレームというかたちで、財政状況の悪化への歯止めをかけようとした。

## 5　民主党政権がめざしたものとその敗北

湯浅誠氏が民主党政権で参与として政権運営に参画し、その経験を踏まえた論考のなかで、次の趣旨のことを述べている。在野の者が当たり前だと考える政策が政府のなかで進まないのは、その必要性が現場感覚のない政府関係者に認識されていないことが原因というイメージをもっていた。しかし、政府の政策形成に関与した結果、実際にはそうではないことを強く自覚した。正しい政策を実現するにしても段階を踏む必要があり、現状がそうなっているには、それなりの理由があるということに気が付いたと率直に述べている（湯浅誠「社会運動と政権　いま問われているのは誰か」『世界』２０１０年6月号）。

湯浅氏に限らず、民主党政権自体がまさにその構図であったのではないか。自公政権で悪しき政策が行われているのは、自公政権が政治的利権に絡み取られているからであって、しがらみのない政権に交代すれば、あるべき政策が前に進みだし、国民は政権交代の成果を実感できるようになるという図式である。

民主党政権では、いくつかの望ましい政策を打ち出した。ばらまきと酷評された子ども手当も、子育ての社会化という意味では望ましい政策である。しかしながら、如何せん財源がなかった。しがらみのない政権が予算を精査すれば、財源は生み出せるという幻想に、政権あるいは与党自体がとらわれたところがある。野党時代に感じていた、国民感情と現実の政策のずれについて、その原因は、政権与党が党利党略に縛られて国民不在であるからとみなしていたが、与党として政府のなかに入ると、けっしてそれがすべてではないことに気が付かされたはずである。いわんや、政府のなかに入っても、なお全体がみえないほど技術的に奥深い世界も多い。

既存の政策は、その歴史的形成過程を踏まえればなおのこと、目配りすべき点が多いがゆえに簡単には見直せない。現実の政策には、さまざまな問題はあるが、国民各層のあらゆる考え方を最大限反映させようとしたものであり、それをむやみに変えると、思いもよらない別の問題が起きるのが常である。内政ですらそうであるので、外交になると奥深さはさらに深まる。その見立てが正しいとすれば、野党が政権を取ることの怖さを自覚しなかったことが、自壊の最大の原因であるといえる。民主党政権の既得権益の打破という点で、小泉構造改革に通じるものがあると先にも述べた。もっといえば、近年の新興政党がめざす「改革」も、そうした路線を引き継いでいるようにみえる。

民主党政権は、政権交代の直後に、補正予算事業の執行を抑制すると同時に、租税特別措置の見直しを始めている。政治的な優遇措置を廃止して、一定の財源を生み出そうとしたのであろうが、財源確保としてはそれほどの成果を生み出さなかった。その後の事業仕分けも、当初の意気込みほどには量的には効果は限定的であった。事業仕分けは財源をねん出できなかっただけでなく、政府のなかで積み上げてきた技術論を、仕分け人の遠慮のない議論によって簡単に踏みにじられることで、内に籠った怒りを醸成する悪影響すらあった。野党が与党になったときに、政権側でなければみえなかったものが初めてみえるようになり、政権奪取時には予定していなかった増税＝財政再建を主張し、それが政権から転落の原因の1つとなることも先述のとおりである。

民主党政権誕生のきっかけとなった年金問題についても、年金制度に様々な問題があるとはいえ、公的年金は破たんしておらず、同じく自公政権の寿命を縮めた後期高齢者医療制度についても、代替案を示すことはできなかった。地方自治の知識が豊富な片山善博氏が総務大臣になったときですら、地方財政対策という言葉を嫌い、事業費補正の圧縮を求め、地方債のさらなる自由化を求めて協議不要の事前届け出制を導入したが、それぞれはけっして悪くはないものの、既存の地方財政制度の枠組みを大きなところで修正したというよりも、テクニカルな部分での見直しにとどまっている。片山総務大臣の功績として強調すべきことは、社会保障・税一体改革において消費税の地方の分け前を強く主張したことであり、東日本大震災における震災復興財源を拡充したことなど、いずれも地方の主張を政権内で認めさせた部分にある。

一括交付金は民主党政権の目玉政策であったが、結果的に不発に終わった。もしも、制度設計の段階で神野私案が打ち出した、現物給付は地方、現金給付は国という切り分けが実現していれば、相当大きなインパクトがあった。しかし、それはマニフェストを越える内容であり、政権内にそのことを支援する動きも広がらず、実現するはずもなかった。それこそが逸機であった。三位一体改革で、改革対象となる補助金のターゲットが意外に小さかったことと同様に、一括交付金は現実に制度設計の検討に入ると、意外に絵の描きようがない仕組みであり、もとより寸詰まりの感が強かった。それでも担当者は相当苦労して、ワークする仕組みとして一括交付金の仕組みを仕上げたが、法律の枠組みに落とし込んでいなかったために、政権が交代すると即時に廃止の憂き目にあった。それに対して、一括交付金にヒントを得た地元要望に基づいて導入された沖縄振興一括交付金は、沖縄振興特別立法に基づくものであるので、法改正をしない限り、今後10年間は継続されるのとは対照的である。

東日本大震災に対する財源措置は、遅いという批判はあったものの、相当手厚いものがあった。被災団体に対する税制上の優遇措置も従前に比べて拡充されている。被災団体が税収に恵まれない団体であることを踏まえて、阪神・淡路大震災の場合に比べ拡充され、起債に頼らなくてもよい財源措置が行われた。復興財源のねん出のために特に復興増税が実施された。

民主党政権は、政権発足当初から「新しい公共」を打ち出した。その方向性については重要なものであるが、社会共同体のあり方について、「新しい」と考えるかどうかについては疑問もある。共同体とは必ずしも個人の自由意思が尊重されることを意味しない。民主党政権全体の政策がリベラルであるとすると、それと共同体に対する新しい公共という持ち上げ方が、根本的なところで矛盾をきたしていないか疑問を禁じえない。

民主党政権にはよい政策も多かった。しかしやり損なったという感覚は、当事者にも強いであろう。欠いていたものをあえて1つだけあげるとすれば、それは湯浅氏が参与として政策立案に関わったときの反省に通じる政策に関する技術論である。そのことは、既述の研究者の政策提言の限界にも通じている。

## 6　改革という名の下で繰り返される破壊行為を食い止める

小泉内閣は、支持率が高いまま、自民党総裁の任期切れというかたちで退陣した。小泉首相自身が望めば続投もありえたであろうが、自らの意思で退任した。その後の政権のように、国民の支持率の低下や国政選挙の敗北等によって心ならずも退陣したわけではない。しかしながら、国民は小泉流の構造改革路線の継続を必ずしも望んでいたとも思えない。小泉首相ならば現状を打破してくれるという「改革の実行力」には期待していたが、政策の内容に対する評価については、政権が終わった途端に急速に冷めていった印象が強い。小泉構造改革以来の財政の現代史を振り返ったときに、重要なポイントは、「改革」という言葉がもつ怪しい魅力に対して、それが幻想であるという感覚が、国民の間で浸透しているのか、あるいはしていないのか、判断しがたいところである。

財政制度などの社会制度は、制度運営の積み重ねの歴史的形成過程によるところが多く、白地から理想の仕組みを書くものではない。一見して奇異に感じられるものであっても、そこに込められた統治の知恵を自覚することが重要である。あるいはそれがみえなくても、統治の知恵を担う者への敬意が必要である。しがらみのない素人が、まさに生活者の感覚で政策を語りその実現を図ることは危険であり、戒めなければならない。それは今日の大衆民主主義のなかではたいへん難しいことである。しかしながら、少なくとも、そうした問題の構図に気がつくことが重要である。それを怠れば、手を変え、品を変えて登場する改革者への期待がバブルのように膨れては消えるという悲喜劇を繰り返すことになる。

現代の改革論は、市場主義の装いをすることが多い。あるいは、統治機構の改革によって生活者に政治を取り戻せと叫ぶことが多い。政策決定の仕組みや、行政機構や公務員制度のなどの改革に過剰な期待をかけることもしばしばである。多くの場合、経済の停滞に起因する国民に渦巻くルサンチマンを刺激し、利権をむさぼる悪者捜しの議論に終始する傾向がある。そしてそうした時代の風のなかにあって、学問のもつ厳密だが限定的な枠組みで利権から中立的と考える研究者は、自らがみたい風景を真理としてみえてしまう誘惑にさらされている。そこから抜け出すためには、歴史的文脈に立ち返って制度の形成過程を踏まえ、漸進的な改革論を積み重ねるように努めることではないか。

財政運営に関していえば、少なくとも租税負担は小さい方がよいという袋小路の議論から抜け出すことが重要である。財政再建のために、人件費や投資的経費を極端に圧縮することも問題である。現代における共同体社会の実現は、租税負担率の引き上げによってこそ可能になる。新しい公共は、公共を官だけに独占させないことであると、しばしば指摘される。その点は正しいとしても、その場合に官とは担い手を指す言葉であって、そもそも公の対立語は、官ではなく民あるいは私である。小泉構造改革では、「官から民へ」という珍妙な呼び方が不思議にも市民権を得た。官と民は対立語ではないので、「官から民へ」は本来意味をなさない。せいぜい国民のルサンチマンを刺激するだけである。「新しい公共」という限りは、民から公へのシフトが望ましいということになる。国民の私的分野を抑制して公共分野を拡大するためには、国民負担率は引き上げられなければならない。その際、担い手としての官の独占は遠慮してもらうということならば首肯できる。しかし、「官から民へ」が国民負担率の抑制につながるという論理は、方向性として間違っている。小泉構造改革の問題は、端的に言えば、この論理矛盾に帰着する。そしてその矛盾は、鳩山内閣の新しい公共にも通じている。

間違った改革が、統治の知恵を踏みにじり、大切なものを破壊してきた。地方分権ですら、歴史的文脈を無視した抜本的な改革をめざすものは望ましいとはいえない。財政健全化原理主義も地方分権原理主義も、原理主義ゆえに、市場原理主義と同様に問題である。手放しの民主主義が正しいという感覚をもつべきではない。大衆が自らのあり方を自覚しているはずがない。生活者の感覚は尊重されるべきであっても、生活者が正しい政策を知っているわけではないという当たり前のことを忘れるべきではない。統治を担う者を尊重するマインドは重要である。しかしながら、現実はむしろ逆である。そうした悪弊は、戦後の大衆民主主義のなかで少しずつ形成されてきたものである。そうした日本人の歴史的な課題が、現代日本の社会経済における重いくびきとなっている。改革という名の破壊行為を食い止める有効な政策は容易に見つからない。それこそが現代日本の財政問題の根底にあると見極めるべきである。

# 第8章　社会保障・税一体改革

## 1　税制抜本改革・社会保障改革の実現と地方財源

### 税制抜本改革を許容した国民世論の深層

平成24年2月17日、社会保障・税一体改革の「大綱」が、民主党政権の野田内閣の下で閣議決定された。紆余曲折を経て、民主党政権として消費税増税の具体像を決めたことになる。それを基にした法案は3月中に国会に提出され、野党であった自民党らの賛成を得て成立するのは8月であった。消費税率を5％引き上げる税制改正案が、増税を当初否定して政権を奪取した民主党政権において、3人目の首相の下で成立したことは、歴史のめぐりあわせとして印象深い。それを見届けたように、12月の総選挙で自公政権への政権再交代が実現している。

増税は財政当局の宿願であったが、容易に成立しなかった。昭和54年の一般消費税（仮称）を掲げた大平正芳内閣での挫折以来、30年以上もそこには正面切って踏み込めなかった。平成元年の消費税の導入時も、9年の5％への税率引き上げ時も、純増税のかたちはとっていない。社会保障財源としての増税ないしは税制抜本改革については、かつて国の財政当局は否定的であった。社会保障は底が抜けるほどの財源を要するものであり、財政再建とは一線を画したいという思いからであろう。しかし、増税を受け入れる世論の壁は厚く、国民に痛みを訴える構造改革を標榜する小泉改革ですら、増税には否定的であった。そればかりか、隙あらば増税を求める財政当局を、構造改革の仮想敵国とみているると勘繰りたくなる側面すらあった。

社会保障改革のための増税としなければ、世論は納得しない。しかし、増収分の全額を社会保障の給付の充実分につぎ込めば、財政再建はできない。国に金がないことは国民にはよくわかっている。それは構造改革の効用といえるかもしれない。財政再建が必要であることは、あまり考えたくはないが、それも国民には十分わかっている。増収分の全額は社会保障財源とするが、社会保障給付の充実はその一部にとどめて、これまで赤字国債（地方の場合には臨時財政対策債等）でファイナンスしてきた社会保障給付の従来分に増収分を充てることで、赤字国債等の減額を行えば、財政再建につなげることができる。そのようなきわどい論理で成り立っている社会保障改革と税一体改革の構図に、国民世論もあえて乗った、いわんや黙って騙されてあげたというのが深層にある世論感情ではないか。

その背景には、それまでの改革に対する国民の厭世観があるといえるのではないか。小泉構造改革は、小泉内閣が続く間こそ支持率が高いというかたちで国民は許容したが、退陣とともに弱者切り捨てとして否定的な論調が一般的になった。一般会計・特別会計を組み替えれば、子ども手当をはじめとする民主党政権の政策の実行に要する10兆円超の財源を増税なしにねん出できるという訴えに対しても、政権交代の当初こそ歓迎ムードであったが、民主党政権の後半になると詐欺まがいと国民は憤慨した。もはや増税しかないという諦めが、そうした近年の一連の改革の結果から生じてきてもおかしくない。

## 税制抜本改革の実現に政権交代あり

社会保障と税一体改革の源流は、小泉・安倍（第１次）内閣の構造改革路線への修正を試みた福田政権の社会保障国民会議にまで遡ることができる。福田首相は、小泉構造改革を引き継ぐとして自民党の総裁選挙で勝利し首班指名を受けるが、政策としては、定住自立圏構想に代表されるように、小さな政府路線からの緩やかな転換を図っている。続く麻生内閣は、中福祉・中負担をあるべき姿と位置づけ、さらに鮮明に方向転換を行っている。政権発足当初にリーマン・ショックに直面すると、日本経済全治3年と称して、3年間の経済対策と、その後の消費税率引き上げを中心とする増税を意味する税制抜本改革の実施を打ち出した。それが、平成21年度税制改正法案である所得税法等の一部を改正する法律の附則第１０４条である。この附則第１０４条が、民主党政権になって拘束力を発揮したことで、野田内閣は平成23年度末に税制抜本改革の大綱を閣議決定し、国会への法案提出にこぎつけている。

税制抜本改革法案が国会で成立したのは、政権交代の効用であった。かつての与党が野党になり、かつての野党が与党になって前政権の税制改正方針を引き継げば、与野党の大多数の意見が一致し、ねじれ国会でも成立する。野党には、増税実施の汚れ役を与党に負わせたいという心理すら働きかねない。かくして悲願の消費税増税を伴う税制抜本改革が成立することとなった。

もっとも、民主党政権では、少なくとも政権奪取時の衆議院議員選挙のマニフェストでは増税を否定した。しかし、最初の税制改正である平成22年度改正では、附則第104条を撤回しなかった。さらに、増税実施を前提に、増税実現までは基礎的財政収支対象経費を据え置くという財政運営戦略（2年目からは中期財政フレーム）による財政再建の実施を鳩山内閣として定めている。その枠組みは、そっくり再交代後の自公政権に引き継がれ、中期財政計画として名称こそ変わったものの、基礎的財政収支対象経費を据え置く構造はその後も継続されている。

なお、地方分権一括法の第1次は、民主党政権で発足しており、そのなかで成立した国と地方の協議の場の法定化が、地方消費税の税率決定において大きく影響したことは忘れてはならない。そのことが、地方財政のあり方や地方単独事業としての社会保障サービスの財源のあり方に対して配慮した案の作成にあたって圧力となった。

## 小泉構造改革では社会保障も圧縮の対象

小泉内閣は、財政再建の道筋を、政権としての最後の基本方針２００６において、歳出・歳入一体改革というかたちで示した。歳出の合理化と経済成長の継続を一体的に進め、経済成長の果実としての増収によって、基本的に増税によることなく、結果として財政再建を果たすというシナリオに従っている。そこでは、社会保障改革について、改革の原則５「将来世代に負担を先送りしない社会保障制度を確立する」のなかで、次の方針を示している。「受益と負担の世代間格差を緩和し、持続可能な社会保障制度を確立するため、社会保障給付の更なる重点化・効率化を推進する」「２０１０年代半ばに団塊世代が本格的な受給世代となることなど、年金、医療、介護等の社会保障費の中長期的な推移を展望しつつ、基礎年金国庫負担割合の2分の1への引上げに要する財源を含め、社会保障のための安定財源を確保し、将来世代への負担の先送りを止める。その際、国民が広く公平に負担し、かつ、経済動向等に左右されにくい財源とすることに留意する。また、そうした特定の税収を社会保障の財源として明確に位置付けることについて選択肢の一つとして検討する」。後者は、消費税の名指しこそ避けているが、社会保障の目的財源を設けることを示唆したものである。しかし、その前提として、社会保障給付の重点化、効率化による抑制をあげている。

そして、基本方針２００６の「別紙」のなかで、雇用や生活保護、介護、医療の個別分野における改革課題を述べたうえで、給付抑制のための目標として、「以上のような取組を通じ、過去5年間の改革（国の一般会計予算ベースで▲1・1兆円（国・地方合わせて▲1・6兆円に相当）の伸びの抑制）を踏まえ、今後5年間においても改革努力を継続することとする」としている。その結果、歳出・歳入一体改革が求める5年間、社会保障の歳出の自然増を、制度改正を通じて、国費ベースで年間2000億円強圧縮する方針が示された。これは相当厳しい要求である。また、具体的な制度改正の方針も未定であって、多分に腰だめの数値目標の印象はぬぐいがたい。

## 中福祉・中負担路線への転換

福田政権は、小泉構造改革からの転換を明示こそしていないが、福田政権での基本方針2008は、冒頭部分でセーフティネットの全面的な点検をあげており、透き間のない社会保障制度をつくることが方針として示されている。そこに、社会保障・税一体改革につながる、社会保障制度の拡充路線が敷かれている。福田政権で発足した社会保障国民会議は、社会保障給付の充実に努めることとし、消費税率の引き上げを前提に財政需要の試算を行うことを成果の1つとした。最終報告がまとまったのは、麻生内閣になってからの平成20年11月であった。

最終報告では、間接的な表現ながら、社会保障への構造改革の成果を認めながらも、少子化対策が遅れて、医療・介護サービスの提供体制が劣化し、セーフティネットが機能低下したことを指摘している。そのうえで、「基礎年金国庫負担を1／3から1／2に引き上げるために必要な費用を加えれば、社会保障の機能強化のために追加的に必要な国・地方を通じた公費負担は、その時点での経済規模に基づく消費税率に換算して、基礎年金について現行社会保険方式を前提とした場合には２０１５年に３・３～３・５％程度、２０２５年に６％程度、税方式を前提とした場合には２０１５年に６～11％程度、２０２５年で９～13％程度の新たな財源を必要とする計算になる」としている。これらの試算結果は、消費税率を５％分引き上げるとした後の税制抜本改革の結果とそれほど違わないものである。

社会保障国民会議の最終報告を受けて、政府は、平成20年12月24日に「持続可能な社会保障構築とその安定財源確保に向けた「中期プログラム」」を閣議決定している。社会保障改革とセットにした税制抜本改革の考え方を定めたものである。そこでは、「税制抜本改革の３原則」として、

原則１　多年度にわたる増減税を法律において一体的に決定し、それぞれの実施時期を明示しつつ、段階的に実行する。

原則２　潜在成長率の発揮が見込まれる段階に達しているかなどを判断基準とし、予期せざる経済変動にも柔軟に対応できる仕組みとする。

原則３　消費税収は、確立・制度化した社会保障の費用に充てることにより、すべて国民に還元し、官の肥大化には使わない。

が示されている。税制改正をスケジュールとしてコントロールすること、経済成長との整合性を図っ

て税制改革のタイミングを計ること、消費税収は社会保障給付に充てるなどの原則が打ち出され、社会保障と税一体改革の原型といえる。特に原則3は、消費税収の充当対象となる社会保障給付の対象を限定し、特に地方の単独事業等は対象外とすることや、官の肥大化には充てないというやや品の悪い表現で人件費に充当しないことの伏線となっている。後者は、保健サービスなどを意識的に対象外に置いたものと読めなくもない。消費税の増収分を地方財源にできるだけ充てないために予防線を張ったという印象を与える。

なお、基本方針2006に引き継いで、納税者番号や社会保障番号制度の導入が検討さているが、基本方針2006では社会保障給付の重複調整という効率性の観点が重視されていたのに対して、社会保障国民会議最終報告では、「制度横断的視点に立って、ワンストップサービスなど手続きの簡素化や負担の軽減、必要な事務の効率化のための基盤整備（社会保障番号・カードの検討等）を進める」などとされている。後の民主党政権では、消費税増税の際に逆進性緩和を避けるための現金給付の充実と結びつけて番号制度の導入が検討され、税制抜本改革の導入と同様に、長年の懸案事項であったがマイナンバー制度として実現することとなった。

### 附則第104条に基づく税制抜本改革の方針

先述の中期プログラム閣議決定の直後に国会に提出された平成21年度税制改正法附則第104条

（税制の抜本的な改革に係る措置）には、次のように書かれている。

第104条　政府は、基礎年金の国庫負担割合の二分の一への引き上げのための財源措置並びに年金、医療及び介護の社会保障給付並びに少子化に対処するための施策に要する費用の見通しを踏まえつつ、平成20年度を含む3年以内の景気回復に向けた集中的な取組により経済状況を好転させることを前提として、遅滞なく、かつ、段階的に消費税を含む税制の抜本的な改革を行うため、平成23年度までに必要な法制上の措置を講ずるものとする。この場合において、当該改革は、2010年代（平成22年から平成31年までの期間をいう。）の半ばまでに持続可能な財政構造を確立することを旨とするものとする。

また、第3項（部分）では個別の税目についての改正方針を示している。

3　第一項の措置は、次に定める基本的方向性により検討を加え、その結果に基づいて講じられるものとする。

三　消費課税については、その負担が確実に国民に還元されることを明らかにする観点から、消費税の全額が制度として確立された年金、医療及び介護の社会保障給付並びに少子化に対処するための施策に要する費用に充てられることが予算及び決算において明確化されることを前提に、消費税の税率を検討すること。その際、歳出面も合わせた視点に立って複数税率の検討等の総合的な取組を行うことにより低所得者への配慮について検討すること。

七　地方税制については、地方分権の推進及び国と地方を通じた社会保障制度の安定財源の確保の観点から、地方消費税の充実を検討するとともに、地方法人課税の在り方を見直すことにより、税源の偏在性が小さく、税収が安定的な地方税体系の構築を進めること。

そこで、第3項の消費課税が、狭義の意味での国の消費税を指すのか、地方消費税を含むのかは明示的ではない。あえて玉虫色にしたとも読める。もしも地方消費税を含むならば、現在の地方消費税率1％や、地方交付税財源となる分（税率換算で1・18％）もすべて社会保障財源とすることとなる。その点は、後の成案決定の際に大きな問題となった。また第7項で地方税制について、地方法人課税の見直しと併せて偏在性が小さく安定的な税体系の確立を求め、地方法人課税を地方消費税に振り替える改革が志向されているが、その後、それが大きな課題となる。

麻生内閣で設けられた安心社会実現会議は、平成21年6月の「安心と活力の日本へ」という報告書のなかで、社会保障改革を通じて実現させるべき社会像をまとめている。理念として優れた内容であるが、麻生内閣では自公政権の基盤が液状化したように劣化していたために、ほとんど注目されることはなかった。しかも、その後の総選挙で自公政権から民主党連立政権に政権交代が実現し、抜本税制改正の機運は暫時後退する。

## 民主党政権における財政再建策

政権交代を実現した平成21年夏の総選挙における民主党マニフェストでは、「今の仕組みを改め、新しい財源を生み出します」として、増税を前提としていない。その一方で、財政再建策として財政運営戦略を平成22年６月に閣議決定している。また、それに先立って、平成21年９月に閣議決定された民主党政権としての予算編成方針では、「マニフェストに従い、新規施策を実現するため、全ての予算を組み替え、新たな財源を生み出す。これにより、財政規律を守り、国債マーケットの信認を確保していく」としている。その背景には、ギリシャの財政危機に端を発した欧州債務危機によるソブリンリスクの高まりがある。

財政運営戦略では、「国・地方の基礎的財政収支（プライマリー・バランス）について、遅くとも２０１５年度までにその赤字の対ＧＤＰ比を２０１０年度の水準から半減し、遅くとも２０２０年度までに黒字化することを目標とする」などの財政再建の目標を示している。そのうえで、財政運営の基本ルールとして、「歳出増又は歳入減を伴う施策の新たな導入・拡充を行う際は、原則として、恒久的な歳出削減又は恒久的な歳入確保措置により、それに見合う安定的な財源を確保するものとする」、いわゆるペイアズユーゴー原則などを打ち出している。この目標は、いわば国際公約として、自公政権への再交代後も継続されている。

また、地方財政に関しては「財政の健全化については、まず、国が本戦略に則り改革に取り組んでいくことはもとより、公経済を担う国及び地方公共団体が相協力しつつ行うことが必要である。地方公共団体に対し、上記の国の財政運営の基本ルールに準じつつ財政の健全な運営に努めるよう要請するとともに、国は、地方財政の自主的かつ安定的な運営に配慮し、その自律性を損ない、又は地方公共団体に負担を転嫁するような施策を行ってはならない」などとし、財政再建はもっぱら国の財政において行い、地方財政の運営への配慮と負担転嫁（たとえば補助率の引き下げなど）を行わないとしている。併せて「地方歳出についても国の歳出の取組と基調を合わせつつ、交付団体始め地方の安定的な財政運営に必要となる地方の一般財源の総額については、上記期間中、平成22年度の水準を下回らないよう実質的に同水準を確保する」として一般財源の確保を明記している。

すなわち、基礎的財政収支対象経費を据え置くという基本的な目標に照らして、地方財源については交付団体ベースでの一般財源を据え置くとしている。増税が実現すれば、その分はシーリングの枠外となるが、それがなければ、社会保障給付などによる地方負担増が生じたとしても、人件費等のその他の歳出の圧縮で吸収しなければならない。その構図は、基本的にその後も地方財政における厳しい制約条件として効いている。

### 社会保障改革の再始動と方針決定

鳩山内閣から菅内閣に交代したことで税制抜本改革が主要な政策課題に浮上する。平成22年10月に政府・与党社会保障改革検討本部が設けられる一方で、社会保障改革に関する有識者検討会報告「安心と活力への社会保障ビジョン」が平成22年12月にまとめられ、社会保障改革の必要とされる根拠が示されている。

その概略は次のとおりである。国民生活の安定は、企業の長期的雇用慣行や、地域の雇用維持のための諸施策など、男性世帯主の勤労所得の確保によるところが大きく、そのなかで退職者の年金給付は問題とされてきたものの、子育てや介護については、家庭での専業主婦の奮闘に依るところも大きく、社会保障制度によって支えてきたわけではなかった。そのなかでも雇用維持の制度が機能していれば、「雇用を軸にした安心」を支え、人々の希望を紡いできた。しかし、経済のグローバル化が進行し、非正規雇用が増大するなかで、男性世帯主の安定的雇用はしだいに縮小することで状況は一変した。企業は、従業員の生活保障を提供する余裕を失い、家族や地域のかたちは大きく変容した。ところがこの変化に、社会保障制度が十分機能しないために、現役世代は、子育てや失業、不安定就業など、新たな生活リスクに直面している。その結果、貧困が拡がり、多くの国民が将来の生活について強い不安を抱いている。そこに社会保障改革の必要性がある。

同ビジョンは、社会保障改革がめざす5つの原則のほかに、社会保障を支える税制のあり方の6つの柱を立てており、そのなかで、消費税の使途明確化の必要性や社会保障改革とそれを支える税制改革の一体的実施、基礎年金国庫負担を2分の1に引き上げるための安定的財源の確保などをうたっている。それらを通じて、後の社会保障・税一体改革の理念や具体的な方針がほぼ網羅されている。なお、与党である民主党も税と社会保障の抜本改革調査会を設け、同時期の平成22年12月に中間整理を行っている。それらを受けて、平成22年12月14日には「社会保障改革の推進について」が閣議決定され、実現に向けて動き出している。

### 消費税率の引き上げ分を地方に配分しない社会保障改革案

平成23年1月の内閣改造で与謝野氏が内閣府特命担当大臣として入閣し、社会保障・税一体改革を担当することとなり、社会保障改革に関する集中検討会議が発足した。集中検討会議は、平成23年2月に第1回が開催され、菅首相も強い意欲を示したが、その後、東日本大震災に見舞われたことによる中断を経て、第10回（6月2日）には「社会保障改革案」が提示された。そこでは、消費税率の引き上げ幅について「２０１５年度までに段階的に消費税率（国・地方）を10％まで」引き上げると明記している。

ところが、同案に対して、片山善博総務大臣をはじめ地方関係者は強く反発した。明示こそされていないが、増収分の地方への実質的な配分がほとんどないと読める内容になっていたからである。そこでは、消費税収は、地方消費税となっている部分と、国の消費税のうち交付税財源となっている部分を含めて全額を、年金と補助事業としての医療・介護・子育て分野の社会保障給付（国・地方分）

に充てることとし、国と地方の消費税収の配分は、社会保障給付における国と地方の役割分担に応じて定めるという論理構成となっている。

消費税５％の段階で、地方への実質的な配分は、地方消費税と国の消費税の交付税財源分を含めて２・18％であり、国は残りの２・82％分である。年金と補助事業としての医療・介護・子育て分野の国と地方の社会保障給付の財政負担は、おおむね３対１の割合であり、10％をその割合で配分すると、地方分は２・５％となる。したがって消費税率を引き上げても地方の実質的な配分はほとんど増えない。

社会保障財源としての消費税における国分と地方分の配分については、それまでの経緯のなかでは、常に玉虫色の表現にとどまっていた。成案決定に向けた詰めの段階で、地方にとって容認しがたい案が示され、当然のように強い反発を招いた。

### 社会保障改革の成案における地方財源

社会保障改革案に対する地方の巻き返しの有力な根拠は、地方消費税（当初は消費譲与税）は消費税導入の際に廃止された地方税の個別消費税見合いの部分であり、消費税のうちの交付税財源分は消費税導入の際の所得税等の減税による地方交付税財源の減少に対する財源手当てであって、その部分を含めた国と地方の再配分は認められないという論拠である。結果的に、その論拠は認められこととなった。

政府・与党社会保障改革検討本部における主たる検討の場は、成案決定会合に移ることとなり、6月8日に第1回会合、その後6月30日の第5回会合で成案決定にいたり、7月1日に閣議報告されている。そこでは、引き上げ分の5％についてのみ、社会保障給付における国と地方の役割分担（財政負担）に応じて配分されることとなった。地方税は無論であるが、地方交付税財源は地方固有の財源であり、地方自治は尊重されるべきという伝統的な考え方が認められたかたちである。

さらに、社会保障改革案では、総額47・4兆円と推計されている社会保障給付のなかに、地方単独事業分が一切含まれておらず、その点も総務大臣と地方6団体は強く反発した。その主張も結果的に通り、国分と地方分の配分の基本となる、社会保障給付の役割分担の費用推計をする際に、地方単独事業を含めることとした。

巻き返しが成功した要因の1つとして、地域主権改革関連法（第1次）の成立施行によって、平成23年4月には国と地方の協議の場の法定化が実現していたことがある。その第1回会合が、社会保障改革案が公表後の6月13日に開催され、地方側は、政府に強く反発する意見表明を行っている。その後、国分と地方分の配分を具体的に決定するために、協議の焦点は、社会保障給付の役割分担のうえで考慮されるべき地方単独事業の規模に移ることとなった。

## 単独事業の範囲決定をめぐる省庁間の駆け引き

6月17日の成案決定会合で、総務省は平成23年度の地方単独事業として社会保障に関連する支出は7・7兆円と推計する資料を提出していたが、平成22年度決算に基づく悉皆調査によって明らかにするとされた。民生費（災害救助費を除く）、衛生費（清掃費を除く）、労働費、教育費のうち、地方自治体から総合福祉、医療、介護・高齢者福祉、子ども・子育て、障害者福祉、就労促進、貧困・弱者対策に該当するものとして報告のあった金額を集計した。ただし、乳幼児医療費助成（義務教育就学後分）、敬老祝金等敬老事業、職員分の子ども手当、本庁人件費、投資的経費、貸付金・積立金、公害関係、環境衛生関係、災害救助関係および厚生労働省が集計・公表している社会保障給付費（平成22年度予算）において計上されている事業は除いた。11月10日に公表された調査結果では6・2兆円と推計された。それ以降、その妥当性について、総務省のほか、内閣官房、厚生労働省、財務省の4省庁との間で、また国と地方の協議の場の分科会では地方6団体がさまざまな議論を展開した。

一連の協議のなかで、厚生労働省は、地方単独事業は過大推計であるとして、相当厳しい意見を繰り返し表明した。社会保障分野に属さないものとして出産祝い金、準要保護児童生徒援助・給食援助等があること、社会保障分野に属しても給付には該当しないものとして国民健康保険・後期高齢者医療・介護保険にかかる事務費、公立病院・診療所等の保険収入外の繰入が含まれていること、給付に該当しても社会保障4分野以外のものがあり、社会保障4分野であっても法律上の規定が強いもの以外は認めないとした。それに対して、地方6団体は「現物サービスの提供を担う地方自治体の役割を踏まえ、住民の視点に立って、現実に合理的なニーズがあるか否かに基づいて協議を行うこと」とし、「地方が担う住民に対する現物サービスそのものである保健師、保育士、児童福祉司等のマンパワーに係る人件費」「予防接種、各種健診・検診などの予防医療や、高齢者の措置費、日常生活支援などの介護予防、幼児教育・保育など、医療や介護、少子化施策の一環として一体的に評価すべきもの」「地域の住民ニーズに対応するため実施せざるをえない乳幼児・障害児（者）医療費助成や保育料の負担軽減、高齢者や低所得者が多いなど構造的な問題を抱えている国民健康保険の保険料軽減、地方公営企業法が想定している地域医療維持のための公立病院に対する負担など、法令等により義務付けられているものや住民生活に必要なものとして全国的に実施しているもの」は税収配分の基礎に含めるように求めている。

このような論点は、社会保障改革のあり方を考えるうえで、今後も重要となる事柄である。単に、地方自治体への財源配分を小さくするために、社会保障改革の対象範囲を過度に小さく見積もることは、いかにも適当ではない。官の肥大化を避けるという論理の下で保健師、児童福祉司等のマンパワーにかかる人件費は該当しない、予防接種、各種健診・検診は「公衆衛生」であり「医療」ではない、高齢者措置費や日常生活支援等は「介護」ではなく「給付」に含まれる介護は介護保険のみ、などといった紋切り型の論理がもしもまかり通るとすれば、それは社会保障改革のあり方から外れた、国民不在の言葉の定義をめぐる省庁間の駆け引きの議論といわざるをえない。

## 消費税率引き上げにかかる地方分を決めた素案の決定

12月26日の国と地方の協議の場の分科会で、厚生労働省は、単独事業は6・2兆円であるとする総務省調査に対し、社会保障分野であって給付に該当するのであって、制度として確立されているものは「～0・2兆円」にとどまり、単独事業として、消費税の配分において考慮すべき部分はごくわずかという見方を示した。それに対し、総務省からは、地方の意見に耳を傾ける柔軟な対応が必要であり、国の制度と地方単独事業の組み合わせによって社会保障全体が持続可能となっているという認識を共有したうえでの整理が必要と正面から反論した。

対立の溝は深いとみられたが、12月29日の国と地方の協議の場では、一転して、4省庁連名の資料のなかで、地方単独事業の総合的な整理の考え方が示された。そこでは、「地域の実情に応じ、それぞれの地域の判断で行われている地方単独事業の一つ一つについて個々に精査を重ねるよりも、一定の基準を設けつつ、地域の判断を尊重したうえで定量的な整理に努めることが求められる」と発想の転換を図るとしている。社会保障4分野に則った範囲として、実質的にこれらの分野と重複している事業及び一体として評価される事業も含めるとしている。医療では、予防接種、乳幼児健診、がん検診、保健所（保健師）（健康診査や予防接種等の業務に関連する保健師の人件費に限定）、介護では養護老人ホーム等（老人保護措置費）（公立・私立）などである。

また、国民に現物サービスを提供しているマンパワーの人件費について、「給付」の担い手としての側面を評価して給付に該当するとした。さらに、制度として確立されているかについては、「法令による義務づけ」を重視することは、事業の必要性に関するそれぞれの地域の判断への配慮を欠くことがあるとみなしたうえで、国民負担を伴う今般の改革において、地域の判断を尊重するとしても、標準的な行政水準を超えて行われているサービスを国民全体で負担すべき対象として評価することは必ずしも適当ではないとする。それらをふまえて、地方財政計画や地方交付税における需要額をメルクマールとして「制度として確立された」地方単独事業を定量的に整理することとされた。

そこで、社会保障4分野と則った範囲を合わせた4・3兆円に対して、対象となる経費から事務費及び事務職員の人件費等を除外するため給付に該当する部分として80％を乗じ、制度として確立された部分として75％を乗じることとした。「制度として確立された経費」の割合を75％としたのは、地方交付税で財源保障の対象とする「標準的な行政水準」の割合（地方財政計画の一般財源総額に占める基準財政需要額の割合に相当）に準じると説明されている。

このように、素案決定の最終局面では、伝統的な地方財政制度の考え方が最後に効いたことに注意が必要である。法令による義務付け等は財源保障すべき財政需要という意味で重要ではあるが、義務付けられた事務をもって財源手当が必要な部分とみなすことは、地方財政制度の考え方には相容れない。ましてや地方分権が進むなかで義務付けの緩和が進んでいくなかではなおさらである。その反面で、標準的な水準を超える部分は地域の判断であるとしても国民全体の財政負担とすることはなじまない。そこで、地方財政計画や地方交付税における需要額を基準としている。

### 地方財源のうちの地方消費税分と地方交付税分の配分

役割分担の基礎となる地方単独事業を２・６兆円とすることで、消費税率５％の引き上げ分に対する地方財源として確保されるべき部分は、

５％×（社会保障給付費における地方負担分＋単独事業分）／（社会保障給付費における国・地方負担分＋単独事業分）

となり、１・54％とされた。

さらに、この地方分１・54％は、地方消費税として１・２％、残る０・34％は交付税財源分とされた。その積算根拠は、１・54％のうち社会保障給付費における地方負担分については地方消費税率の引き上げで対処することとし、単独事業分については地方交付税の増額で対処することである。したがって、地方消費税率の引き上げ分は、

１・54％×社会保障給付費における地方負担分／（社会保障給付費における地方負担分＋単独事業分）＝１・15％≒１・２％、

となる。

単独事業分相当額を地方交付税の増額としたのは、そうしなければ、基準財政需要額の算定において、社会保障給付費における地方負担分のような義務付けの強い経費が優先され、税収に恵まれない団体で地方単独事業の財源が確保できない懸念があるからである。その点も、きわめて重要なポイントである。

以上のように、消費税率の引き上げの際の国分と地方分の配分においては、地方は当初劣勢であったが、地方財政計画や地方交付税の制度の運営における伝統的な論理を盾に跳ね返すことができた。そのことは、地方交付税60年の歴史のなかでも、特筆すべき出来事といえる。

## 2　社会保障改革の推進と地方財政措置

### 税制抜本改革法から社会保障制度改革のプログラム法成立までの経緯

消費税率の10％への引き上げを定めた税制抜本改革法は、平成24年8月に成立している。税制改革にあわせて社会保障改革を行うために、社会保障改革の詳細を定める法案を同時に審議することがめざされていたが果たせなかった。それに代わって社会保障制度改革推進法（平成24年法律第64号）に基づいて、社会保障制度改革国民会議を設置する等の方針を定めることとし、社会保障改革の具体的な内容は同会議の検討に委ねられた。

同会議の報告書は、自公政権への政権再交代を挟んで、ほぼ１年後の平成25年８月６日に取りまとめられ、政府はそれを受けて「社会保障制度改革推進法第４条の規定に基づく「法制上の措置」の骨子について」を平成25年８月21日に閣議決定している。同閣議決定は、社会保障４経費の各分野について、それぞれ改革の方針を定めている。安倍首相は、平成26年４月から消費税率を引き上げることを最終的に確認し、それに伴い、25年10月１日に「消費税率及び地方消費税率の引き上げとそれに伴う対応について」を閣議決定した。そのなかで、８月21日の閣議決定に基づく法律案を速やかに策定するとしている。そこで「持続可能な社会保障制度の確立を図るための改革の推進に関する法律」が、平成25年10月15日に臨時国会に提出され、12月５日に成立している。同法は、財源面も含めた社会保障会改革の内容と、関係法案を成立させる期間が定められていることからプログラム法と呼ばれている。

### プログラム法の想定スケジュール

プログラム法において、少子化対策では、子ども・子育て関連３法の内容と待機児童解消加速化プランの実施を中心としている。医療制度では、病床機能報告制度の創設・地域の医療提供体制の構想の策定等による病床機能の分化及び連携、国保の保険者・運営等の在り方の改革、後期高齢者支援金の全面総報酬割、70～74歳の患者負担・高額療養費の見直し、難病対策があがっている。介護保険関係では、地域包括ケアの推進、予防給付の見直し、低所得者の介護保険料の軽減が中心となっている。また公的年金制度では、年金関連法の着実な実施とマクロ経済スライドのあり方があがっている。

医療サービスの提供体制、介護保険制度及び難病対策等については、平成26年の通常国会に、医療保険制度については27年の通常国会において、必要な法律案の提出をめざすと規定されている。さらに改革推進体制として、関係閣僚からなる社会保障制度改革推進本部と有識者からなる社会保障制度改革推進会議の設置を定めている。

プログラム法は、平成25年度からの29年度までの間について、社会保障の分野ごとの制度改革にかかる法律改正とその実施時期などの進捗予定を定めている。社会保障改革は、平成26年度から具体化され、開始時点で法律が成立しているのはわずかであり、ほとんどの法改正は26年度または27年度である。特に国民健康保険の都道府県移管などの大所が、平成27年度に控えている。なお、介護保険制度は平成27年度に第6期の介護保険事業計画（3年計画）を迎え、それを目途に必要な措置を講ずるとしている。

全体として、制度改革によって生まれた財政需要と、消費税率が予定どおりに10％に引き上げられることを前提に、その税収が平年度化することで確保される財源がバランスするように定められている。そのため、仮に消費税率の10％への引き上げが、税制抜本改革法に従って実施されないとすれば、社会保障改革のスケジュールや内容にも影響があることとなる。

## 消費税率引き上げに対する財源配分

消費税率の引き上げ後の5％分相当の14・0兆円の財源の使途は、社会保障の充実に2・8兆円、消費税引き上げに伴う増0・8兆円、年金国庫負担2分の1への引き上げ分等として3・2兆円の合計6・7兆円（四捨五入のために合計が一致しない）が、現在の社会保障給付に上乗せとなる部分となる。

それに対して、その結果、14・0兆円の増収のうちの残りの7・3兆円が現在の社会保障給付に充てられるとしても、社会保障給付と消費税の差額は、改革を織り込んでいない姿の26・6兆円から19・3兆円に縮小するものの、なお社会保障給付が消費税収入を上回る状況にあることから、消費税収入のすべてが社会保障財源化されているといえる。それが、プログラム法が定める消費税・地方消費税の使途にかかる説明に適うとされている。

前節で示した「素案」の作成段階では、5％の引き上げ分は、社会保障の充実、公経済負担分、年金国庫負担の2分の1への引き上げ分、高齢化に伴う自然増、機能強化分にそれぞれ1％相当分が振り分けられるという説明であったが、プログラム法案では、配分割合が変わっている。社会保障の充実に1％分の2・8兆円は同じであるが、公経済負担分はそれよりも小さく0・8兆円であるのに対して、年金の国庫負担引き上げ分は大きくなっている。

## 社会保障給付の充実2・8兆円の内訳

社会保障の充実に充当される2・8兆円分野別の内訳をみると、子ども子育て関係の0・7兆円は、これまで制度化されていない、ほぼ新たな事業に対する財源充当である。それに対して、医療・介護の1・5兆円程度は、給付増の要素である「充実」に対して、「重点化・効率化」に伴う給付額圧縮の純計である。給付額圧縮を伴う改革課題としては、たとえば「介護・給付サービスの提供体制改革」の項目にある「病床の機能分化・連携、在宅医療の推進等」や、「医療・介護保険制度の改革」の項目にある「保険給付の対象となる療養の範囲の適正化等」「介護給付の重点化・効率化」などがある。それらは、法改正だけでも高いハードルであり、改革の痛みを伴うものであるだけに、実際に給付減につながるかは予断を許さないところがある。

社会保障の充実に充てられる消費税率1％分に該当する財源は、制度改革のあり方をまず検討し、その結果として自然体で積み上げられたものであるのか、消費税率1％分の税収をいわば予算制約として、そのなかで詰め込めるものを盛り込んだ結果なのかは、公表資料には明示されていないが、これまでの検討経緯に照らすと後者とみるべきであろう。その目算どおりの財源の範囲で改革が実現でき、そのなかで、消費税率の引き上げに伴う社会保障制度の拡充を国民が実感できるかどうかは、今後、大いに注目すべき点である。

## 平成26年度地方財政対策のもつ意味合い

平成25年８月の「当面の財政健全化に向けた取組等について——中期財政計画——」では、平成22年の民主党政権下での「財政運営戦略」以来、財政再建の目標を継承しており、「国・地方を合わせた基礎的財政収支について、２０１５年度までに２０１０年度に比べ赤字の対ＧＤＰ比を半減、２０２０年度までに黒字化、その後の債務残高対ＧＤＰ比の安定的な引下げを目指す」と明示している。そこでは、地方財政についても「地方財政の安定的な運営の観点を踏まえ、国の歳出の取組と基調を合わせつつ、交付団体を始め地方の安定的な財政運営に必要となる地方の一般財源の総額については、平成26年度及び平成27年度において、平成25年度地方財政計画の水準を下回らないよう実質的に同水準を確保する」とし、これまでの考え方を基本的に継続している。

その一方で、社会保障・税一体改革では、消費税率の引き上げ分の少なくとも一部は社会保障財源の充実のために使われることとなっている。したがって、社会保障改革に伴う給付の充実分とそれにかかる公経済負担分に対する地方負担分に相当するだけの一般財源は増えなければならない。それに対して、それ以外の一般財源総額については、中期財政計画では据え置くことが前提となっている。

平成26年度地方財政計画の概要には、消費税・地方消費税の引き上げによる増収分を活用して、

「少子化対策分野における「待機児童解消加速化プラン」の推進等の保育緊急確保事業」「医療・介護分野における国民健康保険等の低所得者の保険料軽減制度の拡充」などの措置を実施するとしており、当該措置に係る地方負担額（2713億円）について地方財政措置を講じることとしている。それに、社会保障4経費の公経済負担増分（地方分）である778億円を加えると3491億円となる。その一方で、平成26年度の地方財政計画における不交付団体水準超経費を除いた一般財源総額の対前年度増は4251億円であり、社会保障4経費にかかる給付増に伴う地方の負担増を上回る一般財源が確保されている。

平成26年度の社会保障の充実・安定化に向けた財源配分は次のような考え方に従っている。消費税率引き上げに伴って確保が見込まれる平成26年度の増収額5兆円（平年度化していないので3％分よりも小さい）について、

①まず基礎年金国庫負担割合2分の1への引上げに2・95兆円を向け、

②残額を満年度時の

・「社会保障の充実」及び「消費税引上げに伴う社会保障4経費の増」と

・「後代への負担のつけ回しの軽減」

の比率（概ね1：2）で按分した額をそれぞれに向ける。

としている。それは、最終的に5％に引き上げられた際に14・0兆円と見込まれる消費税・地方消

費税収入に対する配分方法にならったものである。

平成26年度の５兆円に対する、国と地方の配分では、国分が４・３兆円であるのに対して平年度化が遅れる地方分は０・７兆円とされる。消費税率が８％の段階で地方消費税率は１・７％となって０・７％分引き上げられるとともに、国税の消費税のうち交付税財源となる部分は１・１８％相当額から１・４０％相当額と０・２２％分引き上げられる。平成26年度の消費税収の増収額５兆円に対して、その比率を乗じると、５兆円×（０・７＋０・22）／３となり、１・53兆円となる。その一方で、事業費ベースでいうと、社会保障の充実に０・５兆円程度、社会保障４経費の公経済負担増分は０・２兆円程度であり、そのうちの地方負担は、地方財政計画で示されている３４９１億円である。すなわち、平成26年度に関しては、制度改正に伴う需要増が小さいので、消費税率引き上げに伴う増収分が給付増を上回り、１兆円以上が財政再建に回ったかたちになっている。

## 補助事業分は確保されているが単独分はむしろ減

平成26年度地方財政対策で、社会保障給付の充実に対する財源手当てが行われたのは、すべて社会保障４経費である国の補助事業にかかるものである。単独事業に対する財源の充実は図られているとはいえない。平成26年度地方財政計画の一般行政経費の単独分は13兆９５３６億円であり、対前年度４５７億円の減である。ただし、地方税等の減収分（震災関連）見合い歳出分９１９億円を控除した額であるので、実質的には460億円ほどの微増にとどまっている。

前節で示したように、消費税率の引き上げに伴う国と地方の財源配分を検討する際には、社会保障給付にかかる補助事業分だけではなく、単独事業分を踏まえた配分とされた経緯がある。しかしながら、社会保障給付の単独事業分の充実にかかる地方財源の増は見送られている。中期財政計画が求める、地方の一般財源総額が対前年度を実質的に下回らないとする枠組みでは、単独分への財源充当は思うように実現しない。したがって、地方分については、消費税率の引き上げ分にかかる地方分の増収に対して、給付増が相対的に小さく、財政再建に回る部分が大きくなる構造になっている。その点は平成26年度でも顕著に表れている。

地方分権の考え方の下で、単独事業が拡大しないことは今後の大きな課題である。これまでの社会保障制度の発展の歴史に照らしたときに、介護や子育てなどの社会サービスは、常に草の根で提供が開始されて、それがやがて全国標準のサービスに発展することが常態である。単独事業にかかる財源を手当てしないことは、そもそも社会保障制度を充実させるという姿勢に反するものとすらいえる。

社会保障・税一体改革では、社会保障財源の確保と財政再建が同居していることで、その棲み分けが常に水面下で問題となってきた。社会保障給付の充実分を消費税率1％にとどめることで、効率化・重点化の対象となっている給付抑制の対象となる分が本当に実現するのかという問題や、社会保障給付の地方単独事業に対する財源手当てがないことなどが、財政再建と同居したことがもたらした課題の典型的なものである。

## 社会保障給付にかかる国と地方の負担区分①　子ども子育て支援新制度関係

社会保障改革に伴って、新たな公共サービスが設けられることとなったが、その際には第2節で言及した地方財政法が定める考え方が適用されていることは注目される。まずは子ども子育て支援新制度についてである。

子ども子育て支援新制度では、①質の高い幼児期の学校教育・保育の提供（幼保一体化）、②地域の子育て支援の充実、③待機児童対策の推進、の3つが柱となっている。新制度に移行することで、認定こども園の認可主体は、それまでの都道府県から幼保連携型については都道府県、指定都市、中核市に移る（幼稚園型については、従来どおり都道府県が認定）、さらにすべての施設について、確認主体は、市町村が実施主体として担う。財政措置は大きく変わり、従来、幼稚園は私学助成等（都道府県）、保育所は運営費負担金（市町村）、認定こども園は運営費負担金（市町村）と私学助成等（都道府県）であったのに対して、幼稚園・保育所・認定こども園では市町村が行う施設型給付に振り替わり、新しいカテゴリーとして設けられた地域型保育についても市町村が行う地域型保育給付に位置づけられる。それらは、平成24年8月に成立した子ども子育て関連3法（認定こども園法の一部改正、子ども・子育て支援法、子ども・子育て支援法及び認定こども園法の一部改正法の施行に伴う関係法律の整備等に関する法律）のなかで、制度改正の重要部分が、枠組みとして定められている。子ども・子育て新支援制度における国と地方の負担割合は、「国と地方の役割分担に応じて設定する」との原則の下で、次の4点に整理されている。

①児童手当については、全国一律の現金給付であることから、国：地方＝2：1とする（「児童手当法一部改正法」のとおり）

②現物サービスのうち、個人給付である施設型給付や地域型保育給付は、国と地方の共同責任という観点から、国が義務的に支出すべき経費であることを踏まえ、介護給付や障害者自立支援給付と同様に、国：地方＝1：1とする

③現物サービスのうち、地域の実情に応じて実施される市町村事業については、地方の役割や現行の事業を踏まえ、国：地方＝1：2とする

④なお、国と地方の現行の負担水準を変更しないこととする。このため、標準時間利用についての施設型給付は、私学助成に係る現行の地方単独事業を踏まえ、地方単独事業（都道府県：市町村＝1：1）を一部設ける

国が一律に行う現金給付と、現物サービスであっても義務的に支出する事業と地域の実情に応じて実施される事業で、国と地方の負担のあり方を変えるという考え方が確認された点は、たいへん重要である。その下で、①と②にかかる国の負担は国庫負担金、③は国庫補助金と整理されている。これ

は地方財政法の国と地方の負担区分に沿った整理であるといえる。

## 社会保障給付にかかる国と地方の負担区分②　生活保護制度の見直し関係

生活保護の被保護実人員は、平成25年11月に216万4857人となり、昭和25年度の制度開始以来、もっとも多い水準（平成26年2月時点）となった。被保護世帯の世帯類型別の構成比でみると、高齢者世帯は4割強で高止まりになっているのに対して、近年、急激に増えているのは、母子世帯と傷病・障害者世帯を除くその他世帯であり、その割合は平成12年度の7・4％から24年度には18・3％に達している。その他世帯のなかには就労が可能な世帯が一定程度含まれているとみられる。また、近年では不正受給とされる例も累増している。生活保護費は平成25年度予算ベースで3兆7632億円（うち地方負担は9408億円）と4兆円を伺うほど拡大するなかで、生活保護制度の見直しが急務であるとされてきた。

消費税率の引き上げ分は、社会保障4経費に充当されることとされているが、そのなかに含まれない大所の社会保障制度は、生活保護と障害者福祉である。特に生活保護については、基礎的財政収支対象経費を据え置くという枠組みのなかで、急増してきた給付抑制が急務とされる。就労支援の強化と不正受給防止、ジェネリック医薬品の使用等を通じた医療扶助の抑制などによる見直しが進められようとしている。

プログラム法の附則第2条第2号（抜粋）では、「生活困窮者対策及び生活保護制度の見直しに総合的に取り組み、保護を受けている世帯に属する子どもが成人になった後に再び保護を受けることを余儀なくされることを防止するための支援の拡充を図るとともに、就労が困難でない者に関し、就労が困難な者とは別途の支援策の構築、正当な理由なく就労しない場合に厳格に対処する措置等を検討すること」としている。それを受けて、生活保護制度を見直すと同時に、新たな生活困窮者支援策として生活困窮者自立支援法を創設して平成27年度から施行することとしている。

生活困窮者対策等の全体像は、社会保険制度・労働保険制度からなる第1のネット、求職者支援制度による第2のネット、生活保護からなる第3のネットからなる。第2のネットを新設する生活困窮者自立支援法で強化することで、第3のネットの生活保護制度にかかる負担を緩和することが方針とされた。生活困窮者自立支援法の対象はおおよそ40万人とされている経済的困窮者のうち生活保護ボーダー層等である。

改正生活保護法では、就労による自立の支援、健康・生活面に着目した支援、不正・不適切受給対策の強化等、医療扶助の適正化が柱となっている。なかでも、不正・不適切受給対策の強化等では、福祉事務所の調査権限を拡大し、罰則の引き上げや不正受給にかかる返還金の上乗せを講じるなどの方策を盛り込んでいる。

新たに設ける生活困窮者自立支援法は、「生活保護に至る前の段階の自立支援策の強化を図るため、生活困窮者に対し、自立相談支援事業の実施、住居確保給付金の支給その他の支援を行うための所要の措置を講ずる」ことを目的とし、福祉事務所設置自治体は、必須事業として自立相談支援事業を実施するとともに、離職により住宅を失った生活困窮者等に対し家賃相当の住居確保給付金の支給を行うとしている。また、任意事業として、就労準備支援事業や一時生活支援事業、家計相談支援事業、学習支援事業を実施するとしている、また、都道府県知事等による就労訓練事業（いわゆる中間的就労）の認定を行う。

各事業の国の負担は、必須事業である自立相談支援事業と住居確保給付金については国庫負担金が4分の3の補助率で交付され、任意事業については国庫補助金が支給され、その補助率は就労準備支援事業と一時生活支援事業については3分の2、家計相談支援事業と学習支援事業その他生活困窮者の自立の促進に必要な事業は2分の1とされる。ここでも、国と地方の役割分担に応じた負担区分の考え方が適用されている。

### 国民健康保険等の医療制度改革に向けての課題

生活保護制度と並んで医療制度や医療保険制度に対しても大きな改革が進められようとしている。

昭和36年に国民健康保険の強制加入の導入によって医療保険の皆保険制度が達成されたが、これまで国民健康保険の保険者は市町村とされてきた。わが国の地方自治の特徴の1つが基礎自治体中心主義であって、市町村の提供する基礎的サービスの柱が医療保険制度の提供であった。市町村は住民の生活や生命を守り、生活の質の向上を図る役割を担っており、健康増進のための保健事業の実施主体が市町村であり、介護保険が市町村を保険者として実施されたこともあって、保健・医療・福祉の一体的な実施のうえで、国民健康保険の保険者を、総合行政主体である市町村とすることは重要な意味をもつと考えられてきた。

しかしながら、少子・高齢化が厳しさを増すなかで、市町村国保への国庫負担や高額医療への国庫負担や再保険の仕組み等、様々な保険財政安定化のための措置が講じられても、なお小規模な地方自治体で国民健康保険の財政運営が不安定となり、保険料格差が大きくなりすぎるなどの弊害が目立つようになってきた。市町村による国民健康保険事業特別会計への法定外赤字補てんの額は年々大きくなっており、国民健康保険事業特別会計の累積赤字が深刻化している。そうしたなかで、後期高齢者医療制度では広域連合を実施主体とすることで都道府県単位の財政調整の仕組みが導入され、ついには国民健康保険の広域化への対応が必要との観点から都道府県保険者化がめざされている。その際に、国民健康保険の保険者を都道府県が担う根拠として、これまでの保健事業等との一体化に代わって、都道府県による医療提供体制整備の課題が浮上している。その点は大いに注目すべきである。そこでは、診療報酬が高い看護体制の手厚い病床に極端に偏った現状を、本来のバランスのとれた体制に移行することが都道府県の役割と位置づけられ、そのための計画づくりが求められるとともに、所要の財政措置が講じられることとなった。

診療報酬体系の決定など医療制度の主要部分の設計は国の責務である以上、医療保険の保険者は国とすべきであって、国民健康保険の保険者を市町村が担えないときに、移管先は都道府県ではなく、国ではないかという意見がある。都道府県を保険者とすることの妥当性は、まさに国と地方の共同責任事務であることであって、それゆえに国と地方が応分の責任を果たすことが求められている。

平成26年通常国会で成立した地方自治法の改正では、これまでの都道府県と市町村の考え方が大きく見直され、都道府県は市町村の対応に応じて、柔軟にその役割を見直すとされている。同じく通常国会で成立した第４次一括法のなかで、県費負担教職員の権限の移管では、県は政令市に対してその役割を縮小することを求めており、反対に、国民健康保険の保険者では、県はこれまで所管してこなかった事務についても基礎自治体補完に努める方向である。人口減少社会の進展に伴って、都道府県と市町村の関係が大きく変わり、それに対して、現行の地方財政計画と地方交付税制度を前提に、税財源制度も柔軟に対応することが求められている。

なお、後期高齢者医療制度の支援金については、現在、国保も含めた現役世代が負担しており、被用者保険の負担方法は、加入者割３分の２に対して総報酬割３分の１とされている。この被用者保険にかかる支援金のすべてを総報酬割とする見直しがプログラム法で定められている。医療保険の財政制度については残された課題はなお多い。

## 3　今後の地方財政制度運営における課題

### 地方交付税の歴史が示す今後の制度運営のあり方

本章では、地方交付税の歴史を振り返り、第3章で述べたように、国と地方の事務配分のあり方における共同責任事務の存在という根本的な問題が、地方交付税が地方財政制度の中心となることと大きくかかわっているという見方を前提にしている。そのうえで、地方交付税60周年にあたる平成26年度に、実に40年ぶりに法定率が引き上げられ、社会保障改革が実施されることを踏まえて、税制抜本改革にかかる国と地方の財源配分の決定において、最終的に地方財政計画と地方交付税制度の考え方が参照され、社会保障制度改革における子ども子育て支援新制度や、生活保護の改正に伴う新制度における財政負担のあり方については、国庫負担金と国庫補助金という地方財政法にかかる負担区分のあり方に則った考え方の整理がされたことを示した。それらを通じて、地方財政制度の伝統的な考え方が継承されており、特に社会保障と税一体改革に伴って、地方財源を確保し、新しいサービスを展開する際には、それが機能することを例証した。

消費税率の引き上げのように財源が確保される状況では、地方財政計画と地方交付税を中心とする現行制度の枠組みに頼った方が、社会保障改革のような大きな制度改革が、適切に進むことが期待できる。国と地方の共同責任事務は、双方が応分の役割を果たす限りよい仕組みであり、それが機能しないことはままあるとしても、それを抜本的に見直すのではなく、機能障害の要因を取り除く漸進的改革を筆者は支持したい。あえていえば、地方交付税を中心とする地方財政制度であることを許容するうえでも、地方分権だけが唯一の価値基準ではなく、統治と自治のバランスを重視する姿勢が求められることを指摘しておきたい。

一方、すでに述べたように、平成26年通常国会で成立した地方自治法の改正では、道州制や特別市の推進を求める意見をよそに、県と基礎自治体の関係を、現行制度の枠組みのなかで漸進的に見直す内容である。あわせて、地方分権改革の推進では、大きな制度改革の動きはいったん止めて、これまでの分権改革の成果を地方自治体が生かし、地方の提案に基づく改革に取り組んでいくとする方針を有識者会議は決めている。抜本ではなく、漸進的な改革が志向されている。

国と地方の事務配分において、共同責任事務を否定するシャウプ勧告以来の考え方は、地方分権改革における抜本の改革に相当するが、本章では、現行の地方財政法の枠組みのなかでの漸進の改革が望ましいという立場に基づき、社会保障と税の一体改革の動きを論評してきた。そこでは、国と地方が全体的に財源不足の状況では税源移譲を必ずしも志向せず、国庫補助負担金改革については、同化・定着・定型化した国庫補助金の見直しを支持する一方で、国庫負担金についてはその一般財源化を一般的な方針とせず、むしろ補助要綱を緩和する方向での見直しが望ましいと考えている。国と地方の共同責任事務を分離型にすることではなく義務付けの緩和を進めることと、国庫負担金の一般財源化ではなく補助要綱の緩和を進めることは、同様に抜本ではなく漸進という意味で、方向性として同じであると整理できる。

### 社会保障4経費以外の財源確保

地方交付税ならびに地方税財政制度の運営において当面の課題となるものは何か。以下で、4つの観点から整理してみる。まず、すでに強調してきたように、社会保障と税の一体改革は、財政運営戦略以来の財政再建路線とセットになっているために、社会保障4経費とそれ以外の間での財源措置に大きな差があることである。特に、補助事業では財源は確保されていても、単独事業については十分でなく、生活保護等の4経費以外の社会保障給付が伸びれば、最終的には人件費等の圧縮で吸収せざるをえない構図は、相当大きな問題である。

これまで地方6団体をはじめとする地方自治体関係者は、国・地方を通じた財源確保のために積極的に貢献することはなかった。税源移譲を唱えることはあっても、国民負担率全体を高めることには冷淡であった。国と地方の財政運営が一体的であることをもっと強く意識すると、国税・地方税を一体的に改革して、税負担率を高めることに汗をかかなければならない。成案決定の過程で、消費税率の引き上げ分に対して地方への配分を実質ゼロとする原案を巻き返した経緯は紹介したが、地方に財源配分を受ける権利があることは認める一方で、増税実現に汗をかく憎まれ役を、国の財政当局だけに任せている姿勢は得策とは思えない。消費税率を10％に、また近い将来にそれ以上に引き上げる際には、地方自治体関係者は積極的に貢献すべきである。地方分権を唱えるだけでなく、国と地方は一体的である側面を意識することも重要である。そうでもしなければ、地方公務員給与や地方単独事業に対する財源手当ての見通しは今後も難しい。

## 地方交付税の算定に関する課題

ついで重要な改革は、地方交付税の算定の自由度を拡大する方向での見直しである。これまでは官僚批判とセットになって、地方交付税の算定の自由度を縮小する方向ばかりが志向されてきた。県分の留保財源率の引き上げ、算定の簡素化の観点での補正係数の削減や包括算定経費の導入、事業費補正の圧縮などは、すべてそれに該当する。

しかしながら、一般財源総額が伸びないなかで、地方税収のウエイトが高まり、合併算定替えの特例終了に対応する合併市町村への算定上の配慮、県費負担教職員の政令市移管などの大きな制度改正の課題が目白押しであるなかで、留保財源のあり方の見直しをはじめとする地方交付税の算定の自由度拡大は必須の条件である。算定における公平感を確保できなければ、地方交付税制度の信頼性に大きく傷をつけることになる。総額確保と同様に大きな問題である。

## 地方税制の充実強化に伴う問題

国・地方を通じた財源不足が大きいなかで税源移譲を進めることに警戒感をもつべきだというのが筆者の見方であるが、その一方で、偏在性の低い税目を中心に地方税の充実強化を図ることが重要であるという原則が大切であることは確認しておきたい。

ただし、地方財源が十分に確保できないときには、地方法人課税の改革を伴う偏在是正の仕組みを導入せざるをえないこともまた事実である。地方税は、地方固有の自主財源であると同時に、地方自治体は、共通の地方税と地方財政制度の下で共同体を形成しており、地方交付税だけでなく地方税の標準税率部分は共有財源であるという側面がある。平成26年度改正では法人住民税の一部を地方法人税に振り替えて地方交付税原資とする偏在是正措置を導入し、代わって地方法人特別税の一部を法人事業税に戻して、地方法人特別譲与税を圧縮することとした。地方法人特別税は、消費税率が10％になったときには廃止される方針であり、それに伴って、もう一段の偏在是正措置が必要となることはやむをえないところである。

安倍首相の強い意向を受けて、基本方針２０１４では成長戦略の関連から法人税率の引き下げが明記された。代替財源を確保する考え方は確認されているが、具体策をまとめることは容易ではない。地方法人課税関係では、赤字法人課税の確保が有力な選択肢である。関係者の理解を得ることは容易ではないが、偏在性の低い地方税制への転換の好機であるともいえる。

一方、自動車の車体課税では、ほかならぬ自動車産業の立地自治体の一部から、その廃止を支持する意見が表明されたが、偏在性の小さな地方の税源である車体課税を、地方自治体自らが安易に手放そうとする姿勢はいただけない。財源総額を国に依存していることに起因する当事者意識のなさと批判されても仕方がないからである。

さらに、地方税の標準税率の引き上げによる地方税の充実強化を図っていくためにも、実績としてほしいのが、超過課税や法定外税の活用の規模がもう一段高まることである。地方の課税努力を実績として見せることが重要である。

## 投資的経費についての負担区分のあり方

最後に国と地方の負担区分に関連する中長期の課題として、投資的経費のあり方について触れておきたい。本書では、地方財政法が定める国と地方の負担区分の原則が、今日においても制度運用のあり方に決定的に効いていることを強調してきたが、しかしそれは子ども子育て支援新制度や生活保護の見直しに関連する制度のように、基本的に経常的な経費についてである。

それに対して、投資的経費については、国庫補助金事業と国庫負担金事業の区分は不明確なところがあり、民主党政権時代のいわゆる一括交付金や社会資本整備総合交付金の導入によって、その区分がますます不鮮明となっている。また、それらにかかる地方交付税上の算定のあり方についても、事業費補正のあり方と絡んで、経常経費とはやや異なる取り扱いがされてきた。投資的経費の取り扱いを経常経費にあわせて見直すか、投資的経費については別のカテゴリーとして再整理するかについての判断を含めて、事務の性格と財源保障のあり方の両面から原則を確立させていくことを、中長期の課題とすることが期待される。

その際、これまで大きな批判を浴びて縮小されてきた事業費補正方式について、その機能が再評価されることが重要である。投資的経費の財源措置として、事業費補正方式は災害復旧事業に対する財源措置に起源を持ち、その後、さまざまな経緯を経て現在のかたちになってきたものである。そこには一定の合理性がある。制度運営の歴史を踏まえ、改革の波に惑わされない冷静な判断をすれば、その点は明らかである。

# あとがき

本書の書名にはあえて、「地方財政」も「地方自治」も使わなかった。統治と自治のバランスというあえて古臭い表現を借りてきて書名とした。それはいうまでもなく、「統治」が軽んじられているという危機感からである。

官僚統治の打破を旗頭にする政党はいまなお多い。安倍内閣（第2次）になって自民党の勢いが強くなると、野党が結集する大義名分として、それがなお大きな意味をもっているからであろう。しかし、官僚統治を廃せば国民の手に政治が戻ってくるという見立ては幻想にすぎないことは、民主党政権の3年間によって国民は知ってしまった感がある。それに対して、民主党政権があまりに不慣れだったからであって、経験さえ積めば国民を主役とした政治ができるという訴えは、野党からは当然あるであろう。その反面で、素人に外交をさせると国が危ういことを国民は皮膚感覚で知ったことが、与党時代から続く民主党への厳しすぎるほどの逆風の原因と思われる。かくして、東京オリンピックの開催決定あたりを潮目に、改革の時代はどうやら終わった。山積する課題の重さを想えば、日本の経済社会がよくなって改革が必要なくなったとはとてもいえないが、痛みに耐える改革を国民が歓迎する雰囲気はもうない。それならば改革の名の下で、大切なものを破壊する行為はこのあたりで終わりにしたい。本書のテーマに即せば、統治と自治のバランスという視点で、地方財政なり地方自治なりを考えることが広く受け入れられることを筆者は期待している。

本書の特徴は、歴史的な視点をもって制度のあり方を分析しているところである。もっとも、いわゆる歴史の研究書ではない。そうしたものに必要な文献への緻密な検討や、関係者の証言の深い分析等、歴史研究に必要な要件は備えていない。読みやすさを優先する意味で、引用は最低限にとどめ、注釈は入れずに、図表も思い切って使わなかった。読み物として書いている。ただし、『地方財務』の連載「地方財政制度の歴史的展開」や学会報告で用いた元論文では注釈や引用を明らかにしているので、必要に応じてそちらも参照いただきたい。歴史の本ではないが、歴史的視点を重視した読み物としている。

パワーバランスをキーワードにすれば、地方財政や地方分権などの制度運営の歴史的文脈を読み解けるということに気が付いたのは、少数の地方自治体職員の方との勉強会で、プレゼンを行っているときであった。一見して無味乾燥な政府文書から、その文脈を明らかにして、背景にあるドラマを解説するのは、無声映画の弁士になった気分である。そうした解説と論文の執筆は、筆者の場合、一体的になっている。何度か解説するなかで説明のシナリオや論理を固めて、それを練習台に原稿に落とし込んでいくことが日常的にある。本書にも、そうした口吻が残っているはずである。

本書では、統治と自治の構造を明らかにすることがメインテーマだが、現実の政策課題に対する研究者の立ち位置や現実との距離感の取り方が、もう1つの隠れたテーマとなっている。研究者は、政治の動きから距離を置いて、党利党略に巻き込まれることなく、もちろん利害からは中立的に、国民の視点に立ってあるべき視点を明らかにすべきであるという考え方である。シャウプ使節団のありようは、その理念に忠実な姿であるといえる。

しかし、筆者はあえてその視点に異を唱えたい。研究者が中立的な観点で政策提言をすることは不可能であると考えるからである。なぜ不可能なのか、それは現実の制度運営の文脈に関する知識が圧倒的に不足しているからである。法律の条文がなぜそのように記述されているのか、それが意味するところは何か、個々の政策の執行において何に配慮しなければならないのか、そうした技術的な問題は、大学にいて万巻の書に囲まれていても隔靴掻痒である。徹底して、現実の制度運営に関する技術的な問題に触れて、それをどん欲に吸収しなければならない。それでも制度を現実に担っている官僚には勝てない。当たり前である。当事者に研究者が敵うわけがないからである。

それならば、徹底的に現実の政策課題に関心をもって、制度運営の歴史を読み解き、現実の課題にそれを担っている官僚と目線を合わせて、彼らにみえているものを、同じように自分もみようとしなければならない。本書の表題に「政治経済学」とつけたのはそのような意味からである。また、そのことが経済学にすっかり席巻されてしまった財政学の復権につながるという希望もある。皮肉にも、日本財政の危機は、日本の財政学研究の危機でもある。財政学の研究者の現実に対する姿勢に一石を投じることができれば幸いである。現実から距離を置いて中立的に発言しているつもりが、意に反したプロパガンダになっていることすら懸念されるからだ。

本書を世に出すことができることは、本当に幸せなことである。研究成果を世に問うというかたちで、自己表現をできることが、自分の職業の職責に一致することは何にもましてありがたい。読者の方に心より謝意を表したい。本書に至るまで総務省関係者には、長い時間をかけて辛抱強くいろいろなことをお教えいただいた。何よりもありがたいことである。

今回も原稿チェックで、尼崎市役所の桑島久代氏にお世話いただいた。心より感謝を申し上げたい。出版を引き受けていただいた関西学院大学出版会の田中きく代理事長および田中直哉氏と、編集の労を取っていただいた松下道子氏に謝意を表したい。また最後に私事ながら、いつも研究活動を支えてくれる、妻、貴子に感謝を述べたい。

2014年初秋　高知県本山町、霞ただよう山里にて

小西　砂千夫

### ナ行



### ハ行



### マ行



### ラ行

## タ行

**サ行**

# 索　引

## 著者略歴


小西砂千夫（こにし　さちお）

現在、関西学院大学教授（大学院経済学研究科・人間福祉学部）
1960年　大阪市の生まれ
関西学院大学経済学部卒、博士（経済学）
専攻は財政学


主な著書
日本の税制改革（有斐閣、1997年）
地方財政改革の政治経済学（有斐閣、2007年）
公会計改革の財政学（日本評論社、2012年）
政権交代と地方財政（ミネルヴァ書房、2012年）
日本の地方財政（有斐閣、神野直彦と共著、2014年）


# 統治と自治の政治経済学

2014年11月5日 初版第一刷発行

著　者　小西砂千夫

発行者　田中きく代
発行所　関西学院大学出版会
所在地　〒662-0891
　　　　兵庫県西宮市上ケ原一番町1-155
電　話　0798-53-7002

印　刷　株式会社クイックス




ISBN 978-4-86283-179-8